오십 이후, 삶을 바꾸는 6가지 습관

오십 이후, 삶을 바꾸는 6가지 습관

품위 있게 나이 들고픈
당신을 위하여

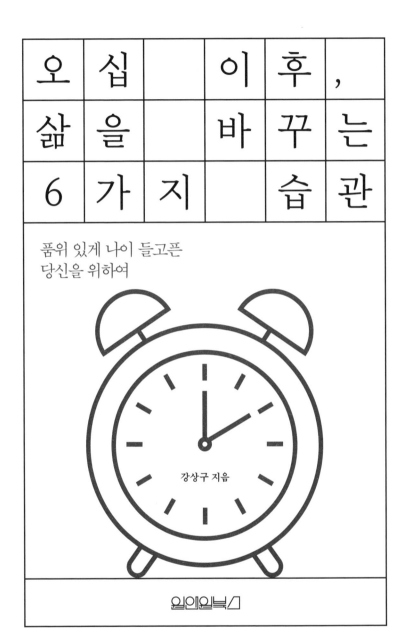

강상구 지음

일에일북

승자는 시간을 관리하며 살고,
패자는 시간에 끌려다니며 산다.

시드니 J. 해리스(저널리스트)

오십 이후의 삶을 여유롭고
우아하게 가꾸는 시간

한국인의 평균 수명이 80세를 넘었다. 사람들은 지금을 100세 시대라고 말하기도 한다. 이렇게 보면 50대는 평균 수명을 산다고 해도 최소 30년, 100세까지 산다고 하면 살아온 세월만큼의 시간이 남아있다.

당신은 세월의 길을 50년 이상 걸어왔다. 그 시간에는 순탄한 꽃길도 있었고, 가기 싫었던 가시밭길도 있었다. 어떤 길이든 지금까지 꾸준히 걸어왔고, 이제는 그 길의 연장선을 계속 걸어가야만 한다.

사업가라면 사업을 성장시키기 위해 지금까지 쌓아온 노하우를 활용할 것이다. 직장인이라면 지금의 일터를 떠나 자신의 역량을 발휘할 수 있는 또 다른 길을 찾을 것이다.

그리고 그 길에 서게 될 당신은 품격 있는 사람, 여유롭고 우아한 사람이 되고 싶을 것이다.

시간은 멈추지 않는 수레바퀴와 같다. 누구도 벗어날 수 없다. 나이와 상관없이 똑같이 굴러간다. 넋을 놓고 있어도, 집중하고 있어도 굴러간다.

다만 이 굴러가는 시간을 어떻게 사용하느냐에 따라 삶이 달라진다. 10분은 하루의 1/144인 0.7%에 불과하다. 이런 수치로 봤을 때 10분은 보잘것없어 보일지도 모른다. 그러나 고작 10분이라고 무시하지 마라.

이 책에서 제시하는 10분의 방법들을 따라해보라. 생각이 바뀌고 행동마저 달라질 것이다. 오늘의 나는 지금까지의 일상이 만들었다. 즉, 나의 습관이 지금의 나를 만든 것이다.

지금부터 또 다른 습관을 만들기 위한 시간은 10분이다. 이 새로운 10분이 50대 이후의 삶을 여유롭고 우아하게 만들어줄 것이다.

이 책은 총 6장로 구성되어 있다. 1장에서는 일상 속 습관으로 평생의 건강을 누릴 수 있는 방법을 제시했으며, 2장에서는 복식호흡, 웃음 등을 통해서 내면의 평화를 찾는 방법에 대해 설명했다. 3장에서는 자칫 소홀히 할 수 있는 배우자와 자녀, 그리고 부모님과의 대화를 통해서 일상의 행복을 누리는 방법을 제시했으며, 4장에서는 집중함으로써 소중한 꿈을 달성하는 방법을 소개했다. 5장에서는 성실함으로 이미지를 바꾸는 방법을 제시했고, 6장에서는 독서와 글쓰기 등의 공부를 통해서 지혜로운 사람이 되는 방법을 제시했다.

다만 한 가지 조건이 있다. 한번 시작하면 멈추지 말아야 한다는 것이다. 작심삼일이 되어서는 아무런 효과가 없다. 멈추지 않고 매일 하루 10분을 연결시킬 때 몸과 마음이 원하는 곳으로 움직인다.

이 책에는 10분으로 할 수 있는 많은 것들이 제시되어 있다. 그

중에 자신에게 꼭 필요하다고 생각되는 한 가지라도 선택해서 한 해가 끝날 때까지 실행해보자. 땅에 씨를 뿌리고 꾸준히 관리하면 아름다운 열매를 맺듯이 10분이라는 작은 시간이 여러분을 시작 당시와는 전혀 다른 새로운 사람으로 만들어줄 것이다.

강상구

차례

1장
오십의 습관이 평생의 건강을 만든다

2장
오십의 휴식이 내면의 평화를 찾는다

3장
오십의 대화가 행복을 부른다

4장
오십의 집중이 소중한 꿈을 이루게 한다

5장
오십의 성실함이 당신의 이미지를 바꾼다

6장
오십의 공부가 지혜로운 사람을 만든다

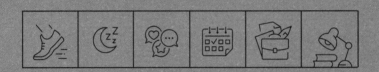

1장	
 오십의 습관이	
평생의 건강을 만든다	

하루 10분,
일찍 잠자리에 들어라

무한 경쟁 시대를 살아가는 현대인들은 바빠도 너무 바쁘다. 24시간이 부족할 정도로 하루 계획표가 꽉 차 있다.

학생들은 새벽이슬을 맞으며 학교와 학원을 순회했다가 밤하늘을 바라보며 집에 돌아오고, 어른들은 대낮과 같은 인공조명 아래에서 시간도 잊으며 일한다.

원하는 대학에 들어가기 위해서는 친구들보다 덜 자야 하고, 돈을 모으고 성공하기 위해서는 남들이 잘 때도 깨어 있어야 한다. 치열한 경쟁에 내몰려 잠을 희생하는 것이다.

이렇게 해야만 목표를 달성할 수 있다며 밤낮을 잊고 동분서주하다가 어느 날 갑자기 쓰러져 응급실로 실려가는 경우도 있다. 심지어 일부 학생들은 수면 부족과 성적에 대한 스트레스로 귀중한 삶을 포기하기도 한다.

잠 때문에 쓰러지고 싶은가

잠을 줄이고 무언가를 시도하는 사람은 부지런하고, 그 시간에 자는 사람은 게으르다는 취급을 받는 세상이다.

그래서 며칠 밤을 새워도 끄떡없다며 자신의 체력을 자랑하는 사람이 있는가 하면, 밤샘으로 인한 피곤함을 견디지 못하면서도 저조한 체력을 다른 사람들이 알아차리는 것이 두려워 숨기려 하는 사람도 있다.

하지만 여기서 반드시 알아둬야 할 점이 있다. 다른 사람들이 잠에 대해서 어떤 말을 하든 잠을 자지 못해 몸이 괴롭다면 그것은 부지런함이나 일을 잘한다는 문제와는 차원이 다른, 나 자신의 건강 문제다.

나폴레옹은 일평생 하루 3시간씩밖에 자지 않았고, 옆집 철수는 4시간 이상 자지 않고 공부하고 있다 해도 그것은 나의 일이 아니다. 내가 7시간을 자고도 견디지 못한다면 나폴레옹이나 철수의 이야기는 나에게는 적용되지 않는 다른 사람들의 이야기일 뿐이다.

이걸 고려하지 않고 그들의 잠자는 시간을 따라가려고 애쓴다면, 수면 부족으로 인한 스트레스로 어느 날 갑자기 쓰러지거나 스스로 삶을 포기해야 할 지경에 이를지도 모른다.

사람은 충분한 잠을 자지 못하면 신체적·정신적으로 괴로워한다. 그래서 과거에는 잠을 못 자게 하는 것이 고문으로 자행되기도 했다.

과학자들 역시 잠의 중요성에 대해 말하는데, 3주 이상 수면 부족이 지속될 경우 극도의 스트레스나 신체 기관의 휴식 부족 등으로 사망할 수 있다고 분석했다.

이 세상에 잠을 자지 않는 사람은 없다. 더욱이 잠을 자지 않고도 살 수 있는 사람은 존재하지 않는다. 사람은 보통 일생의 1/3에 해당되는 24~28년이라는 어마어마한 시간을 잠으로 보내는데, 이는 사람에게 잠이 생존과 연계되는 필수 요소이기 때문이다.

미국의 UCLA 의과대학 정신과 제롬 시걸 교수는 "잠이란 삶의 효율을 상승시키고 행동의 지속시간을 조정함으로써 위험을 최소화하기 위한 것이다."라고 말했다.

인간의 뇌는 삶에 필요한 것을 본능적으로 선택하는 능력을 가지고 있다. 만약 일생의 1/3이라는 시간 동안 잠을 자지 않아도 삶이 방해받지 않았더라면 지혜로운 인간은 잠 이외의 다른 휴식 방법을 찾았을 것이다.

당신은 본능적으로 당신의 삶에 필요한 휴식 방법을 선택하면서 40년 이상을 잘 살아왔다. 때로는 수면 부족으로 피곤하고 힘들었을 수도 있다.

하지만 지금은 혈기왕성했던 3~40대와는 다르다. 이제 당신은 50대이다. 잠이 부족하여 쓰러지면 만회하기가 어려운 연령대가 되었다. 그렇기에 건강한 삶을 살고자 한다면 잠에 대한 것을 심각하게 생각해 보아야 한다.

지금 당장 잠을 줄이며 하지 않으면 죽는 일이 있는가? 그렇지 않다면 그 시간을 잠에 양보하라. 육체는 새로운 에너지를 얻고 두뇌는 그만큼 신선해질 것이다.

하루 수면 권장 시간은 8시간이다

다음은 사토 도미오의 저서 『잠의 즐거움』에 소개된 내용이다.

'1950년대 미국 암협회는 100만 명 이상의 사람들을 대상으로 영양, 운동, 흡연, 수면 등에 관해 기초 설문조사를 했다. 그리고 6년 뒤에 다시 추적조사를 통해 개인의 생활습관과 사망률의 인과관계를 정리했다.

그 결과 사망률과 가장 관계가 깊었던 것은 영양 상태도 운동도 아닌 수면시간이었다. 수면시간이 4시간 미만인 사람과 9시간 이상인 사람의 사망률이 가장 높았고, 8시간 전후인 사람의 사망률이 가장 낮았다. 이는 9년 후에 다시 실시한 추적조사에서도 같은 결과를

보였다.'

또한 미국 질병통제예방센터(CDC; Centers for Disease Control and Prevention) 연구팀의 재닛 크로프트 박사는 수면시간이 하루 6시간 이하인 사람들은 7~9시간 정도인 사람들에 비해 관상동맥질환, 당뇨병, 뇌졸중, 비만 등 만성질환에 노출될 위험이 높은 것으로 나타났다고 밝혔다. 즉, 하루의 1/3인 8시간 정도의 잠을 자는 것이 가장 적당하다는 것이다.

세계적인 신경과학자인 타라 스와트 박사 역시 "하루 4시간만 자고 견딜 수 있는 사람은 전체 인구의 1~2%에 불과하다. 대부분의 사람들에게 이상적인 수면시간은 7~8시간이다."라고 말했다.

그렇다고 꼭 8시간을 고집할 필요는 없다. 체질이나 잠자는 습관은 사람마다 다르다. 6시간만 자도 충분한 사람이 있는가 하면, 9시간을 자도 부족하다는 사람들이 있다.

그렇기에 일상생활에 지장을 주지 않고 건강을 해치지 않는 범위라면 잠을 몇 시간 자든 상관없다.

하지만 아직 자신의 적정 수면시간을 모르고 있다면, 임상실험과 통계적인 수치로 나온 '하루 8시간'을 기준으로 잠을 자라. 처음 일주일간은 8시간을 자보고, 몸과 마음이 개운하다면 그다음 일주일은 7시간을 자보자.

이런 방법으로 매주 1시간 간격으로 잠자는 시간을 줄이거나 늘리는 것이다. 이때 몸과 마음이 가장 쾌적한 시간을 자신의 수면시간으로 정하면 된다.

그러나 이런 노력이 귀찮은 사람이라면 현재의 수면시간에 개의치 말고 하루 8시간을 수면시간으로 정하고, 이 시간 동안 숙면할수 있는 방법을 찾아보라.

불면증으로 고생하는 사람이라면 취침시간과 기상시간을 8시간으로 정하고, 그 시간이 되면 잠이 오지 않더라도 잠자리에 누워 눈을 감아라. 그리고 밤새 잠을 이루지 못했어도 8시간 후에는 자리에서 일어나 일상적인 활동을 시작하라.

행동학자들에 따르면 새로운 습관이 몸에 배고 정착하는 데는 3주 정도가 소요된다고 한다. 3주 정도 동일한 시간에 취침과 기상을 반복해보자. 그래도 불면증에 시달린다면 의사의 정확한 진단을 받아 수면유도제를 복용하더라도 제시간에 잠잘 수 있는 습관을 정착시켜라.

쓸데없는 일로 잠을 설치지 마라

아침에 출근한 A씨에게 아내로부터 전화가 왔다.

"여보, 내 가방을 당신이 가져가면 어떡해요?"

영화를 보느라 새벽녘에 잠들어 비몽사몽간에 출근하면서 아내의 가방을 차에 싣고 온 것이다.

"여보, 미안해. 아침에 회의가 있어서 바빠. 당신이 내 가방 가지고 택시 타고 회사로 와요."

"나도 오늘 아침에 미팅이 있단 말이에요. 그리고 이 시간에 택시를 잡을 수 없다는 건 당신도 잘 알잖아요. 당신이 우리 회사로 오세요."

밤늦게까지 잠들지 못하는 사람들에게는 나름대로의 이유가 있다. 아이들은 "엄마 아빠가 늦게 자요."라고 말한다. 학생들은 "이상하게 밤 12시가 지나면 공부가 잘 돼요."라고 말하고, 청년들은 "친구들과 한잔하다 보니 새벽까지 깨어 있게 되네요."라고 이야기한다. 주부들도 "블로그 하느라 밤을 새기도 해요."라고 한다.

한 달에 한두 번 잠들지 못하는 것은 문제가 되지 않지만, 이것이 지속되면 생체리듬이 깨진다. 그렇게 되면 자야 할 시간이 되어 잠들려고 해도 두뇌가 엉뚱하게 작동해 제대로 잠들지 못한다.

이런 일이 습관으로 굳어져버린 사람들은 어느 날 갑자기 결심하고 2시간 일찍 잠들려고 해도 잠이 오지 않는다. 그 시간에 일상적으로 진행하던 일을 포기해야 하기 때문이다.

결국 잠자리에 들어서도 계속 마음이 불편하고, 잠자는 시간이 아깝다는 생각이 들어 잠을 설치게 된다. 그렇기에 일찍 잠들려면 쓸데없는 일부터 먼저 줄여야 한다.

어떻게 자느냐에 따라 세상은 달라진다

미국 베일러대학교와 에모리대학교 의과대학 공동 연구팀은 사람들을 청년층(18~29세)과 중년층(30~60세), 노년층(60세 이상)으로 나눠 수면 부족이 뇌 기능에 어떤 영향을 주는지를 조사했다.

그 결과, 젊은 시절부터 충분히 수면을 취한 사람은 노년이 되어서도 뇌 기능이 양호한 것으로 나타났다.

베일러대학교의 마이클 스컬린 박사는 "젊은 시절에는 수면을 시간 낭비로 생각해 이를 경시하는 사람마저 있다. 하지만 수면 부족은 기억력뿐만 아니라 순환계 질환 위험도 가지고 있다. 건강을 위해 어릴 때부터 충분한 수면을 취할 것을 권한다."라고 말했다. 수면 부족은 나이가 들수록 몸에 악영향을 줄 수 있다는 것이다.

이제 우리가 일상에서 경험하고 느끼는 '잠'에 대해서 생각해보자. 잠을 잘 자면 머리가 상쾌해 알람이 울리지 않아도 눈이 떠진다. 숨 쉬기 편안하고, 몸은 날아갈 듯이 가볍고, 두뇌와 육체가 유연하다. 세상이 아름답게 보이기까지 한다.

반면에 잠을 제대로 자지 못하면 머리가 아프고, 심장은 빨리 뛴다. 몸이 무겁고, 움직임은 둔해진다. 두뇌와 육체가 제대로 작동하지 않으며, 세상이 우중충하게 보이기까지 한다.

이처럼 잠을 어떻게 자느냐에 따라 똑같은 세상이 다르게 보인다. 잠을 제대로 잘 때 우리의 몸과 마음은 정상적으로 작동하며, 세상도 왜곡되어 보이지 않는다.

하루만 잠을 자지 않고 생활해보라. 눈꺼풀이 자신의 뜻과 상관없이 자꾸만 감길 것이다. 계속 하품을 하게 되고, 육체는 자꾸 어딘가 기대어 쓰러지려 할 것이다.

옛날 농경사회에서는 동이 트면 일어나 농사를 짓고, 해가 지면 일을 끝내고 잠자리에 들었다. 대체로 자연은 낮에는 환하게 만들어 일을 하게 하고, 밤은 깜깜하게 만들어 일을 멈추게 한다.

이에 적응한 우리의 육체도 밤에는 잠들도록 길들여져 있다. 그러나 오늘날은 조명 때문에 밤낮의 구분이 없어졌다. 인터넷과 통신의 발달로 지구 저편에 있는 사람들과 실시간으로 거래하고 소통한다. 그러다 보니 일출·일몰의 주기와 관계없이 잠을 잔다.

하지만 수면의학을 연구 중인 존스홉킨스대학교 신경학과의 레이첼 살라스 박사에 따르면 사람이 잠자기 가장 좋은 온도는 18~20℃의 낮은 온도라고 한다.

사람의 체온은 오후 2~6시경에 가장 높고, 새벽 2~4시경에 가장 낮다. 즉 새벽 2~4시경이 가장 깊이 잠들 수 있는 좋은 시간이라는 것이다.

그렇기에 아무리 밤을 지새워야 하는 일이 있어도 이 시간만은 눈을 감고 잠을 잔다면 육체적인 부담이 줄어들 것이다.

건강한 아침을 위해 딱 10분만 일찍 잠들라

처음부터 2시간이나 일찍 잠자리에 들려고 하면 당연히 힘들다. 우선 평소보다 딱 10분만 일찍 취침해보자. 한 달 동안 10분 일찍 잠들으로써 현재의 습관을 급격하게 바꾸지 않고 자신도 모르는 사이에 새로운 습관을 만드는 것이다.

10분 일찍 잠드는 것은 현재 진행 중인 일을 포기할 정도는 아니다. 또한 10분 정도로는 생체리듬이 깨지지 않는다.

티끌 모아 태산이란 말이 있듯이 한 달에 10분씩 일찍 잠들다보면 1년이면 2시간이라는 엄청난 시간이 된다. 새벽 2시까지 잠들지 못하는 사람이 12시면 잠을 자고, 밤 12시에 잠드는 사람은 10시에 잘 수 있다.

〈인지치료 및 연구 저널〉에 발표된 논문에 따르면 잠자는 시간을 앞당기면 부정적인 생각에 잠기는 버릇을 고칠 수 있다고 한다. 일찍 휴식을 취함으로써 감정을 조절하는 여력이 생긴다는 것이다.

또한 일반적으로 일찍 잠자리에 들면 일찍 일어날 확률이 높다. 그만큼 하루를 일찍 시작할 수 있게 되고, 시간적 여유가 생기면서 시간에 쫓겨 허둥거리는 것을 방지할 수 있다.

결과적으로 하루를 느긋하게 시작함으로써 삶의 질을 높일 수 있는 기회가 많아진다.

나는 책을 집필할 때는 마감기간을 정한다. 나 자신과 약속을 함으로서 긴장감을 가지기 위함이다. 이 기간에는 매일 밤 9시가 되면 취침을 하고 오전 4시에 기상해 자료를 찾거나 집필을 한다.

충분한 수면을 취했기 때문에 머리가 상쾌하여 글쓰기가 용이하다. 이렇게 하면 오전 8시까지 4시간 동안 글을 쓰게 된다. 그리고 8시 이후는 일상적인 일을 한다.

당신이 지적인 활동을 하는 사람이라면 가장 몰입이 잘 되는 이른 아침시간을 활용할 것을 권유한다.

잠잘 시간을 정하라

취침시간을 결정하는 방법으로는 이 시간에 자면 되겠다고 즉흥적으로 정하는 것이 있다. 그러고 나서 그 시간을 기준으로 매달 10분씩 일찍 잠을 청하면 된다.

또 다른 방법은 일주일간 취침시간을 기록해서 평균 시간을 산출하는 것이다. 그리고 이 시간을 기준점으로 정하면 된다.

취침시간이 결정되면 제일 먼저 해야 할 일은 목록을 작성하는 것이다. 일단 '하지 않아도 되는 쓸데없는 일'과 '낮에 하는 것이 효율적인 일', 이 2가지를 정리하면 개운한 마음으로 잠자리에 들게 되고, 숙면을 취할 확률이 높아진다.

여유가 있으면 잠버릇을 알아보는 것도 건강에 도움이 된다. 특히 잠을 제대로 자고 싶다면 스마트폰 등 숙면에 방해가 되는 것은 잠자리에서 멀리 치워라. 인간은 잠을 자지 않고는 생활할 수 없다. 그만큼 잠은 인간의 삶에서 중요한 부분을 차지한다.

미국 심리학회지는 잠이 부족해지면 뇌가 분산되는 집중력과 외부 자극을 다룰 때 힘든 시간을 보낸다는 연구 결과를 발표했다. 뇌가 힘들어지면 의지력도 자연히 약해진다.

또한 우리는 잠을 통해 피로를 회복하고 원기를 돋울 수 있다. 잠에서 깨어났을 때는 개운하고 행복한 마음이 들어야 한다. 이런 상태를 만들기 위해서 잠들기 직전과 일어난 직후 자신에게 말을 걸어보자.

잠자리에 들 때, 스스로에게 "오늘 하루 수고했어요. 편안한 밤 되세요."라고 말하자. 다음 날 아침, 잠에서 깨어날 때는 "원 없이 잘 잤습니다. 상쾌한 아침을 맞는 나는 행복한 사람입니다."라고 말하자.

자신이 정한 취침시간이 되면 어떤 일이 있어도 잠자리에 들라. 이 시간에 잠들면 건강이 보장된다는 생각을 하라. 삶의 질이 향상된다고 믿어라. 자신을 사랑하는 마음이 더 깊어진다고 생각하라.

'오늘 하루쯤이야.'라는 말에 휘둘리지 마라. 그 순간 그토록 강했던 처음의 결심은 무너진다. 습관은 실체를 가지고 있지 않지만 보이는 것보다 명확하다. 우리의 일상이 습관으로 이루어져 있기 때문이다.

현재의 습관과 새로운 습관이 부딪히면 몸과 마음이 서로 싸운다.

그러다 하나를 취하고 나머지는 버린다. 현재의 습관을 선택하면 현실에 붙잡히는 사람이 된다. 이런 사람은 이전과 다를 바 없는 삶을 살면서 발전은 포기해야 한다.

새로운 습관을 선택한 사람은 이전과 다른 세상을 만난다. 한 달에 10분 일찍 잠듦으로써 1년 후에는 2시간 일찍 하루를 시작해보자. 분명 새로운 세상을 만나게 될 것이다.

어제 하루, 당신은 결심한 시간에 잠자리에 들었는가?

① 결심한 시간에 잠자리에 들었다.

② (   )분 일찍 잠자리에 들었다.

③ (   )분 늦게 잠자리에 들었다.

오늘 아침, 당신은 결심한 시간에 잠자리에서 일어났는가?

① 결심한 시간에 잠자리에서 일어났다.

② (   )분 일찍 잠자리에서 일어났다.

③ (   )분 늦게 잠자리에서 일어났다.

좋은 수면을 위한 권고

1. 취침시간과 기상시간을 정하라.

2. 잠이 오지 않아도 취침시간이 되면 눈을 감아라.

3. 수면을 낭비라고 생각하지 마라.

4. 새벽 2시 전에는 반드시 잠들라.

5. 스마트폰 등 숙면에 방해가 되는 것은 치워라.

6. 취침 전에는 음식을 먹지 마라.

7. 취침 전에 이를 닦고 따뜻한 물로 샤워를 하라.

8. 취침 전에 잠옷으로 갈아입고 이부자리를 제대로 펴라.

9. '오늘 하루쯤이야.'라는 생각은 하지 마라.

10. "편안한 밤 되세요."라고 자신에게 말하라.

하루 10분,
운동을 하라

새벽에 공원을 가보면 이곳저곳에서 체조하는 사람들을 어렵지 않게 볼 수 있다.

부모님을 따라온 어린아이들이 뛰어다니고, 휠체어를 타고 온 노인들이 음악 소리에 맞춰서 열심히 손을 흔든다. 한쪽에서는 중장년층이 전문 강사의 율동에 맞춰 땀을 흘리며 체조를 하고 있다.

남녀노소를 불문하고 많은 사람들이 새벽부터 운동을 하는 이유는 다름 아닌 건강을 위해서다. 이때 하는 운동은 특별하지 않아도 괜찮다. 맨손으로 하는 체조나 스트레칭이어도 하루에 10분씩 꾸준히 한다면 건강해질 수 있다.

아침체조로 반수면 상태의 심신을 깨우자

많은 회사들이 아침에 일을 시작하기 전에 맨손체조를 시행한다.

업무 시작 10여 분 전에 방송으로 체조시간이라는 것을 알리면 제조공정실, 연구실, 사무실, 경비실 등에서 전 직원이 자신이 일하는 데서 가장 가까운 곳으로 나와 방송에 맞추어 체조를 시작한다.

우리가 수시로 지나가는 대형 공사장을 눈여겨 살펴봐도 새벽마다 작업자들이 한자리에 모여 맨손체조를 하는 것을 볼 수 있다.

맨손체조는 기계체조나 리듬체조처럼 장비나 넓은 장소가 필요하지 않다. 침실, 거실, 마당, 사무실 등 두 팔을 뻗을 수 있는 공간만 있으면 어디에서나 간단히 할 수 있으며, 남녀노소 누구라도 움직일 수만 있으면 가능한 운동이다.

아침에 일어나자마자 하는 10분 체조는 아직 반수면 상태에 머물러 있는 심신을 깨워주는 역할을 한다. 10분의 투자로 우리는 다른 사람보다 일찍 하루를 시작하는 셈이다.

또한 10분 체조는 자는 사이에 굳은 관절을 이완시켜서 아침을 상쾌하게 만들고 집중력을 높이는 촉매제가 되어준다.

요새는 유튜브가 발달하여 몇 번의 검색만으로 효율적인 체조법을 배울 수 있다. 아침에 일어났을 때 몸이 무겁기만 하다면 당장 내일부터라도 시작해보자.

최고의 효율을 주는 국민건강체조

"체조하는 방법을 몰라요."

"10분 동안 해서 그까짓 게 무슨 운동이 되겠어요."

이런 사람들을 위해 국민체육진흥공단에서 제작한 국민건강체조가 있다. 국민건강체조는 전통노동요가락에서 따온 우리의 소리와 태권도, 탈춤의 주요 동작을 결합시켜서 누구나 쉽고 편안하게 즐길 수 있도록 제작되었다.

또한 체조 자체의 운동량을 고려한 동작을 개발했기 때문에 운동 효과가 검증되었다. 쉬운 동작이기에 전문가가 특별히 가르쳐주지 않아도 되고, 몸에 무리가 가지 않는다는 것이 장점이다.

- 기본 체조: 역동적인 태권도, 탈춤 동작으로 이루어져 운동 효과가 탁월하고 흥미를 유발한다.

- 쉬운 체조: 기본 체조를 보다 쉽게 변형하여 민첩성과 근력, 유연성이 저하되는 노년층도 따라 할 수 있다.

- 앉아서 하는 체조: 사무실이나 가정 등 공간의 제약이 있는 곳에서도 할 수 있다. 신체의 근육을 고루 움직여 편하게 즐길 수 있다.

- 휠체어 체조: 휠체어 장애우를 위해 개발된 체조로 모든 근육을 움직일 수 있도록 이루어져 탁월한 운동 효과가 있다.

(국민체육진흥공단 홈페이지 참조)

국민건강체조는 한 번 반복하는 데 대략 10분 정도가 소요되고 목, 팔, 다리, 허리, 관절 등을 골고루 움직일 수 있는 전신운동이다. 또한 특별한 기술이 필요하지 않고, 누구나 쉽게 따라 할 수 있는 유산소운동이다.

국민건강체조는 실내를 벗어나기 싫은 사람들에게도 부담이 없다. 크게 힘들지는 않지만 운동량이 은근히 많기 때문에 실내에서 하는 운동으로 효율적이다.

스트레칭으로 하루를 마무리하라

눈을 뜨고 하루를 시작하는 아침에는 활동적인 체조로 몸과 마음을 깨우자. 그리고 하루를 마무리하는 밤에는 정적인 스트레칭으로 몸과 마음을 잠으로 인도하자.

아침은 하루 일과를 시작하는 시간이다. 체온을 높이고 잠자던 근육을 깨우기 위해 활발하게 움직이는 체조가 좋다. 반면에 밤은 하루를 마무리하는 시간이다.

숙면을 취하기 위해서는 조용히 움직이는 스트레칭이 좋다. 스트레칭은 호흡 하나도 조심스럽게 하는 정적인 운동이다. 한밤중이라도 이웃에 방해가 되지 않아 층간소음으로 갈등을 겪을 필요도 없다.

장덕한방병원의 이훈 박사는 "잠들기 전 스트레칭은 수면 시 뇌에서 멜라토닌과 성장호르몬의 분비를 촉진시켜 청소년의 성장을 돕고, 성인의 경우 면역력 증강과 노화 방지 효과를 기대할 수 있다.

잠들기 전에는 낮 시간 동안의 많은 활동으로 인해 새벽이나 아침보다 근육이 뻣뻣하지 않아서 보다 강도 높은 스트레칭을 수행할 수도 있어 훨씬 좋은 효과를 볼 수 있다."라고 말하며 취침 전 스트레칭을 적극 권하고 있다.

취침 직전의 10분 스트레칭은 하루 동안 삐뚤게 앉아 있거나 서 있던 자세를 교정하는 효과도 있다. 특히 주변 인대와 근육을 이완·강화해 척추에 실리는 압력을 줄여주고 척추 주변을 튼튼하게 해주기 때문에 디스크 환자에게 권장된다.

또한 복부의 움직임이 원활해져 튀어나온 아랫배가 들어가고, 구부정한 등이 펴지는 효과를 볼 수 있다. 키를 조금이라도 늘리고 싶은 사람은 매일 밤 스트레칭을 해보라.

더욱이 근육을 이완시키는 스트레칭은 숙면에 도움이 된다. 굳은 근육이 풀어지면서 몸의 긴장이 풀려 가슴 주변 근육과 갈비뼈 사이의 근육이 이완되어 자연스럽게 깊은 호흡을 할 수 있기 때문이다.

스트레칭할 때의 주의점

스트레칭은 움직임이 크지 않은 정적인 운동이지만 주의해야 할 자세와 마음가짐이 있다. 다음의 4가지 사항을 잘 명심하며 스트레칭을 하자.

첫째, 반동을 이용하지 말고 천천히 하라. 스트레칭은 관절을 움직이고 근육을 늘리는 운동이다. 그러므로 갑작스러운 자극으로 근육을 놀라게 하는 행위는 피해야 한다.

둘째, 자연스럽게 호흡하라. 호흡은 운동할 때 자세만큼이나 중요하다. 숨을 참으면 근육에 힘이 가해져 운동 효과가 감소된다. 마찬가지로 스트레칭할 때도 자연스러운 호흡이 필요하다.

셋째, 무리하지 마라. 대부분의 사람이 운동을 처음 시작할 때 무리하다가 역효과를 본다. 스트레칭도 마찬가지다. 처음부터 무리하지 마라.

무리한 스트레칭을 하면 유연성을 기르려다 오히려 근육이 뭉치는 결과를 가져올 수도 있다. 하루만 하고 끝낼 것이 아니기에 스트레칭은 숨 쉬듯 자연스럽고 편안하게 하라.

넷째, 건강은 천천히 좋아진다는 것을 명심하라. 스트레칭을 한다고 몸이 곧바로 좋아지는 것은 아니다. 시간이 흐르면서 조금씩 좋아진다는 것을 염두에 둬야 한다.

중요한 것은 한결같이 꾸준히 하는 것이다. 하지만 우리는 이 쉬워 보이는 '한결같음'이 사실은 가장 어렵다는 사실을 수많은 '작심3일'을 경험했기 때문에 너무나 잘 알고 있다.

하루도 빼먹지 않고 실천하기 가장 좋은 방법은 기상시간을 체조하는 시간이라고 정해놓고 알람이 울리자마자 바로 일어나서 체조를 시작하는 것이다. 그리고 취침 전 의식처럼 스트레칭을 하는 것이다.

만사가 귀찮은 사람, 의욕이 없고 우울한 사람, 아침에 일어나는 것이 힘든 사람, 제대로 잠을 못자는 사람은 딱 10분만 투자해보자. 그 10분으로 당신의 건강이 눈에 띄게 달라질 것이다.

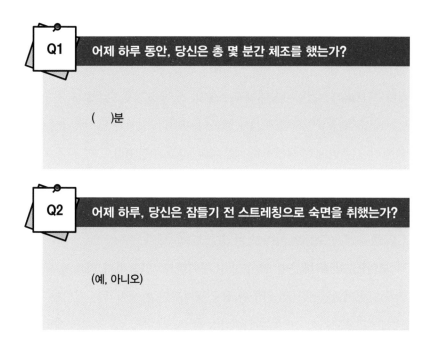

Q1 어제 하루 동안, 당신은 총 몇 분간 체조를 했는가?

(   )분

Q2 어제 하루, 당신은 잠들기 전 스트레칭으로 숙면을 취했는가?

(예, 아니오)

하루 10분,
낮잠을 자라

캐나다 브리티시컬럼비아대학교 스탠리 코렌 교수는 "낮에 졸음이
오는 근본적인 원인은 점심식사 때문이 아니라 12시간 단위로 졸음
이 찾아오는 인체의 생리시계 때문이다."라고 주장했다.

그는 점심을 먹지 않은 그룹, 조금 먹은 그룹, 많이 먹은 그룹, 그
리고 덥고 추운 지역 등으로 구분해서 조사한 결과, 점심을 먹고 난
후의 졸음에는 그룹별 차이가 없었다고 보고했다.

우리가 포만감 때문에 잠이 오는 것이라고 믿는 것과 다르게 오
후에 잠이 오는 것은 순전히 인체의 생리적인 현상이라는 것이다.

오후의 졸음은 생리현상이다

오후에 졸리다고 해서 건강에 이상이 있다거나, 자신이 다른 사람보다 졸음을 견디지 못하는 것 같다며 스스로를 게으르다고 생각하지 않아도 된다. 누구나 오후가 되면 졸리다. 이것은 생리현상이므로 걱정할 필요가 없다.

오후에 졸음이 쏟아지는 것을 억지로 참지 마라. 생리적인 현상은 해결하지 않으면 후유증이 따르게 되어 건강에 영향을 미치고 몸이 말을 듣지 않게 된다. 소변이 마려운데 계속 참으면 병이 되듯이 졸음을 참는 것도 마찬가지다.

졸음을 참고 있으면 마음은 초조해지고 집중력은 사라진다. 졸면 안 된다는 마음과 자고 싶은 육체 사이에 치열한 공방이 벌어지기 때문이다. 10분만 눈을 감고 자면 해결되는 일로 오후를 망치지 마라.

10분 이상의 낮잠은 밤잠을 방해한다

바쁜 현대인들은 아침 일찍 출근해서 야근과 주말 근무까지 하며 열심히 일해도 해야 할 일이 끊이지 않는다. 이럴 때 한가롭게 잘 시간이 어디 있겠냐며 낮잠에 대한 사람들의 인식은 긍정적이지 않다. 특히 우리나라처럼 부지런함과 성실함을 미덕으로 삼는 민족은 더욱 그러하다.

그러나 근무 효율 연구 단체 '더 에너지 프로젝트'의 대표 토니 슈바르츠는 〈뉴욕 타임스〉와의 인터뷰에서 "생산성 제고에 낮잠보다 효율적인 것은 없다."라고 말했다.

낮잠을 자면 밤에 자지 못할 것을 염려하는 사람들이 있는데, 10분간의 낮잠은 밤잠을 방해하지 않는다. 오히려 낮잠을 잠으로써 신체에 활력이 생기고, 밤에 잘 때도 도움이 된다. 너무 피곤해도 제대로 잘 수 없기 때문이다.

하지만 낮에 2~3시간씩 자는 것은 밤잠을 방해한다. 한 실험에서 사람들을 2팀으로 나눠 한 팀은 10분간 낮잠을 재우고, 다른 팀은 20분 이상의 긴 잠을 재웠다.

잠이 깬 후 인지실험을 시행한 결과, 10분간 잔 팀이 20분 이상 잠을 잔 팀보다 인지지수가 높게 나타났다. 20분 이상 잔 사람들은 낮잠 후 개운함을 느끼기보다는 잠에 취해 더욱 고통스러워했다.

주의할 것은 낮잠은 길게 자면 안 된다는 점이다. 낮잠은 10분 정도로 짧게 자는 것이 건강에 좋다. 너무 오랜 시간을 자도 아침에 일어나기 힘들다.

마찬가지로 낮에 긴 시간을 자게 되면 새로운 생체리듬인 수면관성이 생김으로써 깊은 수면기에 빠지게 되어 금방 일어나기가 힘들다. 그렇게 되면 눈을 제대로 뜰 수 없고, 몸의 균형도 잘 잡히지 않는다.

또한 제정신으로 돌아오는 시간이 길어짐에 따라 인지지수가 떨어진다. 수면 무기력증이 나타날 수도 있다. 이런 낮잠은 밤잠을 방해한다.

일하는 곳과 가까운 곳에서 자는 것이 좋다

점심식사 후 10분을 자기 위해 일부러 잠자리를 찾아다닐 필요는 없다. 몇 분의 여유도 없는 시간에 여기저기 돌아다니다가는 괜히 잘 수 있는 시간만 놓친다. 그렇기에 현재 있는 장소에서 가장 편한 곳을 찾으면 된다.

길을 가다가 쉴 만한 벤치가 있으면 그곳에서 잠시 눈을 감으면 된다. 전철을 타고 있다면 그곳이 쉴 곳이다. 안락한 소파가 구비된 전용 공간이 있는 경영자라면 문을 닫고 그곳에서 편하게 잘 수 있다. 전용 공간이 없는 직원이라면 휴게실을 이용할 수 있다.

혹은 자신이 사용하고 있는 의자의 등받이를 뒤로 젖히고 편하게 앉아 눈을 감거나, 책상에 쿠션을 받쳐서 엎드려 자면 시간이 절약되고 업무 리듬도 유지할 수 있다. 얼굴과 가슴을 받쳐주는 낮잠 전용 베개도 사용할 만하다.

이외에도 직장인들이 10분 정도 낮잠을 자기 위한 장소로 사용할 수 있는 곳은 다양하다. 주차된 자동차 안, 회의실, 커피숍, 벤치, 양호실, 화장실, 창고, 종합병원 보호자 대기실, 사우나 등 다양하다.

사무실이 많은 도심에는 테이블 대신 해먹을 설치해놓고 잠깐 눈을 붙일 수 있도록 편의를 제공하는 카페도 있다. 이처럼 자신이 편하게 눈을 감고 쉴 수 있는 곳이라면 어느 곳이든 괜찮다.

단, 낮잠은 가급적 침대에서는 자지 말도록 하자. 10분간 잔다고 누웠다가 몇 시간 후에 깨어나게 될 수도 있다.

잉글랜드 프로축구 프리미어리그에서 뛰고 있는 손흥민 선수 역시 힘겨울 때는 장소를 불문하고 그 자리에서 바로 눈을 감아버린다고 한다. 박문성 축구 해설가의 SNS에 손흥민 선수가 좁은 쇼파 위에서 낮잠을 자고 있는 사진이 올라올 정도다.

수면 과학자 사라 메드닉은 카페인 섭취와 낮잠을 비교한 결과 낮잠은 어휘 서술성 기억력, 절차 기억력, 지각 학습능력을 강화한 반면, 카페인은 이를 악화시킨다고 했다.

피곤하면 커피나 고카페인 음료 등을 마시며 졸음을 참기보다는 일단 눈을 감고 10분간 낮잠을 자보라. 10분의 낮잠이 당신의 오후를 편안하게 만들어줄 것이다.

10분만 눈 감고 있어도 피로가 회복된다

제2차 세계대전 당시 윈스턴 처칠 영국 총리는 방공호에서도 낮잠을 잤고, 나폴레옹과 토마스 에디슨 역시 매일 낮잠을 즐겼다고 한다.

하지만 현실적으로 대부분의 사람은 낮잠이 몸에 좋다는 것을 알아도 낮잠을 자기 어려운 처지에 있다. 그렇다면 낮잠 대신 잠시만 눈을 감아보는 것은 어떨까.

시각은 외부자극의 2/3를 차지한다. 눈만 감고 있어도 이 외부자극이 차단되어 잠을 자는 것과 비슷한 효과가 나타난다.

가슴은 답답하고 졸린데 잠이 오지 않는다면 심호흡을 한 번 한 후 눈을 감고 가만히 있어보라. 답답하던 가슴이 뚫리고 몸이 가벼워지는 느낌이 들 것이다.

졸리다는 것은 몸은 깨어있으나 뇌가 자고있는 비정상적인 상태다. 이때 자지 않고 움직이면 무기력해지고 집중력은 사라진다. 또한 행동이 산만해지고, 정서는 불안정해진다.

이는 잠을 잘 시간이라는 신호다. 각성제도 말을 듣지 않고 바깥의 맑은 공기를 쐬도 소용없다면 눈을 감고 10분간 자는 것이 가장 좋은 방법이다.

나는 점심식사 후 외부에서 강의를 할 때, 수강생들에게 오늘 강의할 내용을 간단히 알려준 후 10분간 눈을 감고 어떤 강의를 기대하는지 생각할 시간을 준다.

이런 시간을 주면 대부분의 수강생은 무엇을 생각하기보다는 잠을 잔다. 심지어 코를 고는 수강생들도 있다. 나 역시 수강생들이 잠을 잘 수 있는 시간을 주기 위한 것이기에 10분 동안은 아무런 간섭을 하지 않는다. 이렇게 해서 10분간 잠을 자고 나면 수강생들 대부분의 눈빛이 달라져 강의에 집중하게 된다.

이렇듯 낮잠은 꼭 시간을 낭비하는 짓이라고만 할 수 없다. 정말 버티기 힘들다면 앉아서 눈을 감고 10분만 휴식을 취해보라. 머리가 맑아지고 몸이 가벼워지는 걸 느낄 것이다.

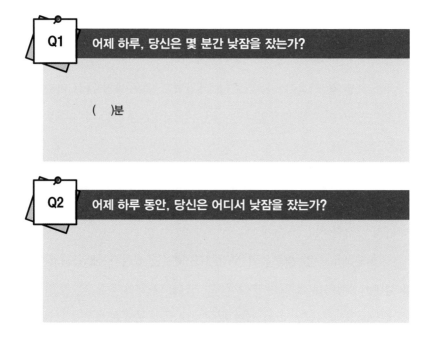

Q1 어제 하루, 당신은 몇 분간 낮잠을 잤는가?

( )분

Q2 어제 하루 동안, 당신은 어디서 낮잠을 잤는가?

하루 10분,
산책을 하라

뒷짐은 두 손을 등 뒤로 젖혀 마주 잡은 자세를 말한다. 뒷짐을 지는 것은 아무것도 거리낄 것이 없음을 행동으로 보여주는 것이다.

다시 말해 누구도 자신에게 도전할 수 없음을 몸으로 표현하는 것으로, 마치 수탉이 깃털을 잔뜩 세워 상대를 제압하려는 것과 같은 행동이다.

그러나 사람이 이 같은 행동을 할 때는 상대를 위협하기 위해서가 아니다. 불안하고 혼란스러운 세상 속에서 심신을 달래고 여유를 되찾기 위함이다.

하루 한 번은 왕이 되어보라

옛날의 왕들은 어디서나 막힘없이 뒷짐을 지고 다녔다. 신하들은 왕 앞에서 머리를 조아리고 왕이 "고개를 들라."라는 명령을 내린 후에야 두 손을 모으고 고개를 들 수 있었다. 그 누구도 왕 앞에서는 뒷짐을 질 수 없었다.

이와 같이 현대에서도 회사와 같은 단체에서 사람들이 둥글게 모여 환담을 나누고 있는 모습을 살펴보면 누가 윗사람이고 아랫사람인지 금세 파악할 수 있다.

바로 뒷짐 진 사람이 누구인지 보는 것이다. 대체로 가슴을 편 채 뒷짐을 지고 말하는 사람이 윗사람이고, 양손을 앞으로 모은 채 어깨를 움츠리고 뒷짐 진 사람의 말을 다소곳이 듣고 있는 사람이 아랫사람이다.

왕처럼 뒷짐을 지고 여유롭게 걸어보라는 것은 위의 상황처럼 여러 사람들이 함께 있는 자리에서 하라는 것이 아니다. 그렇다고 이런 자리에서 머리를 조아리라는 뜻도 아니다.

평상시 산책을 하거나 혼자서 어디를 갈 때, 의도적으로 뒷짐을 지고 가슴을 쫙 펴서 여유를 가지고 걸어보라는 뜻이다.

지금까지 앞으로만 향해 있던 당신의 무게 중심을 뒤로 보내보라. 가슴을 펴고 먼 곳을 바라보면서 걸어보라. 천둥 번개가 쳐도 흔들리지 않겠다는 느긋한 마음으로 산책해보라.

지나가는 사람들은 신하들이고, 자신은 모든 이에게 자비를 베풀 수 있는 왕이라 생각하며 뒷짐 지고 천천히 걸어보라. 마음의 여유와 함께 세상을 향한 시선이 달라질 것이다.

뒷짐 지고 걸으면 건강해진다

중·노년이 되면 허리 건강에 적신호가 오기 시작한다. 그러나 요즘은 스마트한 세상 때문에 그 연령대가 점점 낮아져 허리 디스크는 더 이상 중·노년만의 질환이 아니다.

허리가 무너지면 도미노처럼 무릎, 목, 어깨 등의 부위도 위험해진다. 그뿐만이 아니다. 위장이나 폐에도 압박을 가해서 소화 기능까지 저하되기 때문에 몹시 위험하다.

조선시대 선비들은 골방에서 하루 종일 양반다리로 앉아서 글을 읽었다. 품위를 지키기 위해 급해도 뛰어다니지 않았다. 그럼에도 이들이 건강을 유지할 수 있었던 이유 중 하나는 뒷짐을 지고 걷는 자세 덕분이었다.

선비들은 글을 읽다가도 종종 골방에서 나와 뒷짐을 지고 고개를 들어 산과 하늘을 바라보며 한가롭게 동네를 한 바퀴 돌았다.

'뒷짐만 져도 병이 낫는다.'라는 말이 있을 정도로 뒷짐 지는 자세는 건강에 좋은 영향을 준다.

우선 뒷짐을 지면 가슴이 펴진다. 가슴이 펴지면 심호흡하는 자세가 되어 숨쉬기가 편해진다. 더불어 목과 허리가 바르게 세워진다. 뒷짐을 지고 허리를 쭉 펴면 앉아서 공부하느라고 휘어진 척추와 긴장되었던 근육이 제자리를 잡게 된다.

옛날 사람들이 하루 종일 골방에서 양반다리로 앉아 글을 읽었듯이 요즘 사람들은 문서를 작성하거나 게임을 하느라 컴퓨터 앞에서 몇 시간 동안 자세를 흐트리지 않고 앉아 있다.

또한 스마트폰을 보느라 한참 동안 고개를 숙이고 움직이지 않는다. 그러다보니 시력이 저하되고, 팔과 다리가 결리며, 일부는 허리 디스크 등으로 고통 받는다.

이런 고통을 사전에 방지할 수 있는 방법이 옛날 선비들이 했던 것처럼 뒷짐을 지고 멀리 하늘과 산을 바라보는 것이다. 일하는 도중에 의식적으로 허리를 쭉 펴고 뒷짐을 지고서 먼 곳을 응시해보라. 척추 교정 등으로 돈을 들이지 않고도 건강하고 반듯한 자세를 유지할 수 있을 것이다.

뒷짐은 여유를 가지려는 것이다

'뒷짐을 지다.'라는 말은 관용구로 '어떤 일에 자신은 상관없는 것처럼 구경하고 있다.'라는 의미로 쓰인다. 우리는 흔히 뒷짐을 지고 있다고 하면 수수방관하는 사람, 게으른 사람, 거만한 사람을 연상한다.

하지만 뒷짐을 지고 걸으라는 말은 거드름을 피우거나 방관하는 부정적인 사람이 되라는 의미가 아니다. 하고 있는 일에 최선을 다 하면서 잠시 여유를 가져보라는 뜻이다. 생존 경쟁의 사회에 쫓겨 주위는 살펴보지 않고 앞으로만 달려가는 현실에서 잠시 비켜나 여유를 가져보라는 것이다.

특히 당신이 소심한 성격으로 인해 평소에 어깨를 움츠리고 다니는 사람이라면, 의도적으로 가슴을 편 채로 뒷짐 지고 걸어보는 습관을 가져보라. 이 세상의 주인공인 당신이 어깨를 움츠리고 살 수는 없지 않은가.

성격이 조급해 여유를 가지지 못하는 사람도 마찬가지다. 앞만 보고 달려가느라 자신도 모르게 상처를 입었거나 소심함과 조급함으로 인해 손해를 보게 되었다면, 잠시나마 왕처럼 뒷짐을 지고 아무 일도 없었던 것처럼 행동해보라. 억지로라도 여유를 가져보라.

시간이 흐르면서 자연스럽게 여유를 가진 모습으로 변모할 것이다. 그리고 그 여유가 당신의 몸과 마음에 자신감을 불어넣어줄 것이다.

나는 강의할 때 수강생들의 반응이 없어 조급한 마음이 들면 일단 뒷짐을 진다. 그리고 강의실을 쭉 둘러보며 표 나지 않게 심호흡을 한다.

이 방법은 무협소설에 나오는 주인공들이 상대방이 눈치 채지 못하도록 암암리에 몸 안의 기를 돌리고 호흡을 조절하는 것과 유사한 방법이다. 이렇게 하면 호흡이 편해지고 자신감도 생긴다.

가장 편한 자세로 느긋하게 걸어라

지금 당장 자리에서 일어나 뒷짐을 지어보라. 저절로 가슴이 쭉 펴질 것이다. 그 자세를 유지하면서 고개를 들고 시선은 먼 곳을 바라보라.

그리고 가장 편안한 자세로 앞으로 나아가보라. 팔자걸음도 좋다. 어떤 걸음걸이라도 상관하지 말고 자신이 가장 편한 자세, 가장 느긋한 속도로 걸어보라.

낮이라면 밖으로 나와 온몸으로 햇볕을 받으며 편한 자세로 천천히 걸어보라. 밝은 곳으로 나오면 햇볕의 위력에 소심함과 조급증이 스스로 물러간다. 더욱이 우리 몸에 필수적인 비타민 D도 무제한으로 취할 수 있다.

공장이나 사무실 등 하루 종일 실내에서 근무하는 사람이라면 점심시간에는 반드시 실외로 나와 10분 정도는 걸어라. 소화도 잘 되고 기분도 좋아질 것이다.

밤이라면 퇴근하는 길에 뒷짐을 지고 편한 자세로 느긋하게 걸어보라. 출근처럼 정해진 도착시간이 없기에 마음도 편하다. 이런 여유로움이 하루 종일 일하느라 긴장되었던 근육들을 풀어준다.

하늘이 맑으면 잠시 그 자리에 멈춰 서서 고개를 들고 하늘에 별이 보이는지 찾아보라. 눈앞의 컴퓨터 화면만 보느라 혹은 제품을 만드느라 혹사당했던 당신의 두 눈이 밤하늘의 별을 보며 그 기능을 온전히 회복할 것이다.

출근시간에는 바쁘게 걸어가느라 아무것도 발견할 수 없었지만, 뒷짐을 지고 여유롭게 걷는 퇴근길에서는 아침에 보지 못했던 많은 것들이 보일 것이다.

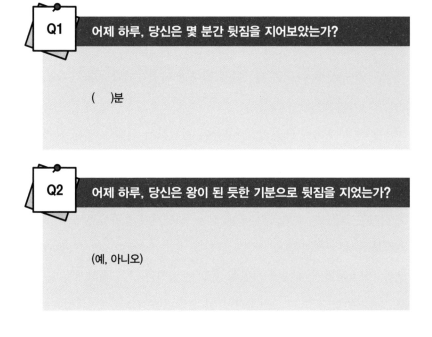

Q1 어제 하루, 당신은 몇 분간 뒷짐을 지어보았는가?

(　　)분

Q2 어제 하루, 당신은 왕이 된 듯한 기분으로 뒷짐을 지었는가?

(예, 아니오)

하루 10분,
박수를 쳐라

미국의 한 조사에 따르면 건강하게 장수한 사람 1위가 지휘자이고,
2위가 피아니스트였다고 한다.

이는 손을 제대로 쓰고 있는 사람이 건강하게 산다는 것을 말해
주고 있다. 손을 제대로 쓰는 것 중에는 박수만 한 것이 없다.

세계 웃음건강박수협회의 총재이자 웃음건강박수 창시자인 조영
춘 박사는 "박수는 손바닥의 마찰, 진동, 마사지의 효과를 통해 우리
몸의 기 순환을 원활하게 해주고 몸의 균형을 잡아준다. 전신운동과
병행하면 다이어트에도 효과가 있다."라고 말한다.

박수로 신진대사의 질을 높이자

손가락 끝에서부터 손목까지 손바닥의 모든 부분에는 기혈이 순환하는 통로인 경락이 연결되어 있다. 이런 이유로 손은 우리 몸의 축소판이라고도 한다.

경락이 통과하는 손바닥과 손등을 자극하면 신체 곳곳에 자극이 전달되어 혈액순환을 통한 신진대사가 순조롭게 이루어진다.

사람들은 몸의 어떤 부위가 아플 때 침을 맞거나 뜸을 뜨고, 때로는 손바닥의 경락을 찾아 그곳을 손가락이나 기구로 눌러준다. 이런 것은 전문가의 손길이 필요한 작업이다.

하지만 전문가의 도움을 받지 않고 손바닥에 자극을 줄 수 있는 방법이 있다. 바로 박수를 치는 것이다.

박수는 경직된 근육을 유연하게 만들어준다. 그리고 자극받는 부위에 따라 두통, 요통, 소화불량 등 여러 가지 신체적 불편함을 해소시켜준다. 또한 박수는 긍정적인 감정을 불러일으켜서 정신적인 안정감도 가져다준다.

박수는 어떤 특별한 장소가 필요하지 않고, 날씨에 구애받지 않는다. 돈이 필요하지도 않다. 오로지 하고자 하는 마음만 있으면 언제 어디서든 할 수 있다. 박수는 혼자서 또는 여러 사람들이 함께할 수 있는 간단한 운동이다.

일상에서 활용할 수 있는 6가지 박수

박수는 그냥 내키는 대로 쳐도 되지만, 알고 치면 더 도움이 되는 6가지 방법에 대해 알아보고 일상에서 활용해보자.

첫 번째로는 보통 박수가 있다. 손바닥 전체로 치는 박수로, '합장박수'라고도 한다. 평소에 긍정이나 기쁨을 표현할 때 치는 박수다. 손바닥 전체로 박수를 치면 우울함이 사라지고 기분이 좋아진다.

멋진 노래나 강연을 들으며 박수칠 기회가 있으면 주저하지 말고 크고 길게 박수를 쳐보라. 다른 사람이 치지 않더라도 혼자서 크고 자신 있게 박수를 치면 다른 사람들도 따라 하게 된다. 이런 태도는 자신감을 상승시키고 당당한 마음을 갖도록 만든다.

둘째, 손바닥 박수다. 손가락을 조금 뒤로 젖히고 손바닥으로만 치는 박수로, 소화가 안 되거나 내장 기능이 좋지 않을 때 도움이 된다.

손바닥 박수를 치다 보면 손바닥이 뜨거워지기도 하는데, 이것은 마치 어린아이가 배가 아플 때 어머니가 배를 쓰다듬어주며 안정시키는 것과 같은 효과가 있다.

셋째, 주먹 박수다. 두 주먹을 쥐고서 손백을 치는 박수로, 주먹을 쥐고 박수를 치기 때문에 주로 손가락 둘째 마디의 뼈가 부딪힌다. 이곳은 머리나 어깨가 아플 때 효과가 있다.

넷째, 손가락 박수다. 손을 공 잡듯이 동그랗게 만들어서 손가락 끝으로 치는 박수다. 손가락 첫째 마디로 박수를 치거나 손톱으로 반대편 손가락을 쳐주는 것도 좋다.

손가락 끝은 눈과 코에 연결되어 있게 때문에 눈이 침침하거나 코가 막혔을 때 손가락으로 박수를 치면 눈이 맑아지고 콧구멍이 뚫려 시원해진다.

다섯째, 손목 박수다. 손바닥의 가장 아랫부분으로 박수를 치는 것이다. 이곳은 생식기와 연결되어 있기 때문에 비뇨기관에 불편을 느끼는 사람에게 효과가 있다.

다만, 손목 박수는 다른 박수와 다르게 강도를 조절할 필요가 있다. 뼈와 뼈가 부딪혀서 자칫하다가는 손목 주변에 멍이 들 수 있기 때문이다.

여섯째, 손등 박수다. 양손의 손등으로 박수를 치는 것으로 손등 전체를 골고루 치는 것이 포인트다. 손등은 등 부분과 연결되어 있어 척추로 고생하거나 요통으로 불편을 느끼는 사람에게 효과가 있다.

좋아하는 노래를 부르며 박수를 치자

좋아하는 노래를 부르면서 박수를 쳐보라. 다른 사람에게까지 들리도록 크게 부를 필요는 없다. 중얼거리거나 마음속으로 불러도 좋다. 좋아하는 노래와 함께 치는 박수는 당신의 몸을 건강하게 만드는 것은 물론 기분까지 좋아지게 만든다.

동요, 가요, 가곡, 찬송가 등 어떤 종류든지 좋다. 악보를 보지 않고도 자신 있게 부를 수 있는 노래를 불러라. 보통 노래 1절은 1분 이내이므로 6가지 박수를 2번씩 반복하면 10분 정도가 소요된다.

박수는 언제 어디서나 쉽게 칠 수 있어 건강을 유지하기에 가장 쉬운 방법이다. 건강해지고 싶다면 매일 10분씩 6가지 박수를 쳐보라.

아침에 못했으면 일하는 도중에 잠시 틈을 내 박수를 쳐보라. 만일 주위에 폐를 끼칠 수 있는 상황이라면, 소리가 나는 보통 박수나 손바닥 박수를 생략하고 나머지 4가지 박수를 치면 된다.

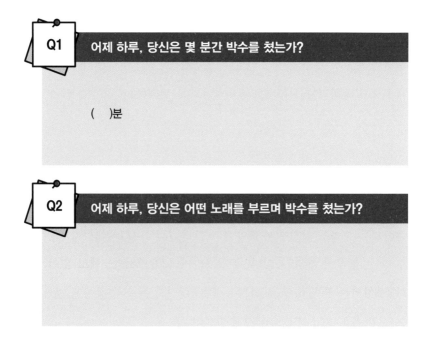

Q1 어제 하루, 당신은 몇 분간 박수를 쳤는가?

(　　)분

Q2 어제 하루, 당신은 어떤 노래를 부르며 박수를 쳤는가?

하루 10분,
머리를 눌러라

매일 10분 정도 지압점을 중심으로 머리를 눌러보라. 힘들이지 않고도 두뇌가 상쾌하고 건강해질 것이다.

깐깐한 직장 상사의 잔소리, 월급은 그대로인데 계속 오르기만 하는 물가, 개강은 했으나 부담되는 등록금, 높기만 한 취업 문턱 등 세상에는 머리 아플 요소들이 차고 넘친다.

이것들을 하나하나 다 신경 쓰는 사이, 머리는 지끈지끈 울리며 우리를 압박한다. 이렇듯 심리적인 요인에 의한 두통은 예고 없이 나타나서 우리를 난처하게 만든다.

머리 지압으로 신체 균형을 맞춰보자

사람들은 보통 머리가 아프거나 눈이 침침하면 자신도 모르게 이마를 짚거나 관자놀이를 지그시 누른다. 그렇게 하면 조금이라도 통증이 완화되고 시원한 느낌이 들기 때문이다.

무의식중에 하는 행동이지만 이는 경혈을 자극해 혈액순환이 잘 되도록 만든다. 경혈은 기가 모이고 출입하는 곳을 뜻한다. 다시 말해 신체의 에너지가 이동하는 통로다. 침을 맞거나 뜸을 뜨는 자리이기도 하다.

혈액순환이 잘 되게 만든다는 것은 핏줄을 통해 신체 각 부위에 필요한 산소와 영양소를 제대로 공급하는 것이다. 에너지 흐름의 통로를 막고 있는 방해요소를 제거함으로써 에너지가 제대로 흐르게 해 신체 균형을 유지시킨다.

지금 이 시간 책을 읽느라 눈이 침침하다면 양쪽 엄지손가락으로 관자놀이를 꾹 눌러보라. 희미하게 잘 보이지 않던 글자가 거짓말처럼 선명하게 보일 것이다.

누르다 보면 통증을 느낄 수도 있다. 이럴 땐 조금만 옆으로 옮겨 눌러보라. 그 주위도 함께 아픔을 느낄 것이다. 그러면 다섯 손가락이나 손바닥으로 관자놀이 중심으로 마사지를 해보라. 통증이 완화되고 정신도 맑아짐을 느낄 것이다.

그리고 불면증으로 잠을 못자고 있다면 같은 방법으로 지압을 해보라. 지압을 하다보면 자기도 모르게 눈을 감고 잠에 빠지게 될 것이다.

50대가 되면 청년 시절과는 다르게 조금만 무리하면 피로함을 느끼게 될 것이다. 때로는 과로나 스트레스로 두통이 심해 당장 쉬어야 할 때가 있다. 하지만 쉴 처지가 못 된다면 응급처치로 머리 지압을 해보라.

'그깟 지압으로 두통이 해소되겠어?'라며 무시하지 말고 두 손을 올려 머리를 눌러보라. 지압 자체가 두통의 근본적인 치료책이 되는 것은 아니지만 지압을 통해 혈류를 개선하다보면 신체 균형이 맞춰져서 개운함을 맛보게 될 것이다.

일반적으로 사람들은 병이 깊어진 후에야 뒤늦게 입원하여 힘들게 치료한다. 그렇지만 두통이 있을 때 간단한 지압으로 혈류를 개선시켜 병을 예방하는 것이 최선의 방법이 아니겠는가. 건강은 잃고 나서 후회해도 돌이킬 수 없다.

매일 10분 정도 지압점을 중심으로 머리를 눌러보라. 내일부터 실천하겠다고 거창하게 결심할 필요도 없다. 지금 바로 머리의 혈을 꾹 눌러주면 된다.

하루 단 10분의 투자가 아팠던 머리를 상쾌하게 하고, 건강한 하루를 만들어줄 것이다.

머리의 3가지 지압점을 눌러주는 방법

두통은 감기몸살, 축농증, 과음, 심한 스트레스, 불면 등으로 인해 생기기도 하지만 아무런 이상이 없는 것 같은데도 생길 때가 있다. 이렇게 머리가 아프면 일에 집중할 수 없어 일상생활에 지장을 주게 된다.

사람들은 두통이 생기면 보통 진통제를 찾는다. 당장 약이 없을 때는 뜨거운 차를 마시거나 머리를 냉찜질하기도 한다. 집에 있을 때는 이런 방법들을 사용할 수 있다.

그러나 사무실에서 일을 하고 있거나 외출을 했을 때는 사용하기 곤란하다. 안타깝지만 당신을 위한 것들이 어디서든 항상 준비되어 있지는 않다는 게 현실이다.

이런 번거로움 없이 두통을 없애고 건강을 유지할 수 있는 비결이 있다. 다음 3가지 대표적인 혈 자리를 기억해 매일 10분씩 눌러보라. 건강해지는 스스로를 발견할 수 있을 것이다.

첫 번째 지압점은 백회(百會)다. 백회는 모든 기혈이 모이는 곳으로, 머리 꼭대기 정중앙에 자리하고 있다. 한의학에서는 백회를 생명 활동의 중심이며 음양의 양쪽 경락이 모이는 자리라고 한다.

의식을 각성시키는 대표적인 혈로, 이곳을 자극하면 두통, 현기증, 일사병, 신경쇠약에 효과가 있다. 또한 백회를 자극하면 집중력이 향상되고 눈과 귀가 맑아진다.

두 번째 지압점은 풍지(風池)다. 풍지는 바람이 모인다는 의미로, 목 뒤 한가운데에서 양쪽으로 1.5cm 떨어진 위치에 자리하고 있다. 양손을 깍지 껴서 뒤통수에 올렸을 때, 엄지손가락이 닿는 우묵한 곳이다.

이곳을 누르면 머리로 모인 혈액의 순환을 활발하게 만들어 불쾌감을 완화시킨다. 한의학에 의하면 고혈압증, 신경쇠약, 안면신경마비증, 대후두신경통 등에 효과가 있다고 한다.

세 번째 지압점은 태양혈(太陽穴)이다. 흔히 관자놀이라고 부르는 부분이다. 눈썹 바깥쪽에서 2cm 정도 떨어진 위치에 움푹 들어간 곳으로, 음식물을 씹으면 움직이는 곳이다.

태양혈은 눈과 귀에 연결되어 있어 이곳을 자극하면 눈의 피로가 감소되고 안구 경직이 이완된다. 또한 눈을 맑게 해주는 효과가 있어 컴퓨터를 많이 봐서 눈이 뻑뻑하고 아픈 사람이 활용하면 좋은 지압점이다.

지압점을 눌러주는 방법은 다음과 같다.

- 지그시 누르다가 조금씩 강도를 높인다.
- 가능한 한 손가락 전체를 사용해 10초씩 3회 반복한다.
- 누르다 보면 특별히 아픈 곳이 있다. 이곳에 강약을 조절하면서 누르는 횟수를 늘려준다.

나만의 지압점을 찾는 방법

지압이 필요한 곳은 개인마다 다르지만 일반적으로 비슷하다. 이제 자신에게 필요한 지압점을 찾는 요령을 알아보자.

- 자신도 모르게 저절로 손이 가는 지점이 있다.

이런 행동은 두뇌로 인식하기 전에 일어나는 일이다. 다시 말해 우리의 손이 가장 빨리 문제를 해결하기 위해 무의식적으로 문제가 있는 지점으로 가는 것이다.

평소에 습관적으로 손이 가는 지점이 있다면 그 부분을 중점적으로 눌러보고 그래도 통증이 지속된다면 병원에 가서 진단을 받아야 한다.

- 누르면 특별히 아픈 지점이 있다.

왼쪽 관자놀이는 눌러도 아프지 않은데 오른쪽 관자놀이는 살짝 눌러도 아프다면, 이곳이 지압으로 치료해주어야 할 곳이다.

스트레스를 받다보면 관자놀이에 통증을 느껴 신경이 예민해질 때가 있다. 이는 혈관 신경이 예민해져서 통증이 생기는 것이다. 이런 곳을 중점적으로 눌러주거나 마사지를 해주면 혈액순환이 원활해져서 통증이 완화된다.

- 지압하면서 범위를 조금씩 넓히다 보면 시원한 곳이 있다.

50대가 되면 아픈 곳의 범위가 넓어진다. 무릎, 허리, 어깨, 머리 등이 점점 아파온다. 평소에 예방을 하지 않고 그냥 두면 종합병동이 될 수 있다.

돈을 쓰지 않고도 가장 간단하게 해결할 수 있는 방법이 아픈 곳을 지압하는 것이다. 지압을 하다보면 시원해지는 곳이 있다. 지압할 곳을 제대로 찾아서 적합한 지압을 해주었기 때문이다.

머리는 온몸을 통제하는 관제탑이다. 이런 관제탑을 위해 간단한 지압으로 청명함을 만들어주자.

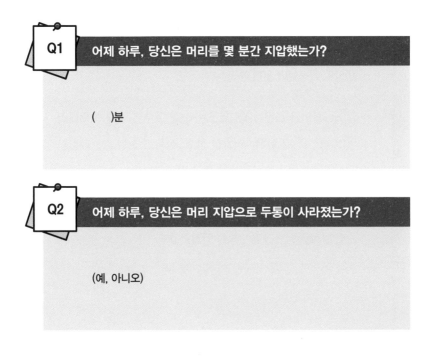

Q1 어제 하루, 당신은 머리를 몇 분간 지압했는가?

(   )분

Q2 어제 하루, 당신은 머리 지압으로 두통이 사라졌는가?

(예, 아니오)

1장. 오십의 습관이 평생의 건강을 만든다

- 잠을 자지 못해 몸이 괴롭다면 그것은 부지런함이나 일을 잘한
  다는 문제와는 차원이 다른, 나 자신의 건강 문제다.

- 잠이란 삶의 효율을 상승시키고 행동의 지속시간을 조정함으
  로써 위험을 최소화하기 위한 것이다.

- 한 달에 한두 번 잠들지 못하는 것은 문제가 되지 않지만, 이것
  이 지속되면 생체리듬이 깨진다.

- 잠을 제대로 잘 때 우리의 몸과 마음은 정상적으로 작동하며,
  세상도 왜곡되어 보이지 않는다.

- 일어나자마자 하는 10분 체조는 아직 반수면 상태에 머물러
  있는 심신을 깨워주는 역할을 하고, 잠자기 전의 스트레칭은
  당신의 잠자리를 포근하게 해 줄 것이다.

- 10분 정도의 낮잠을 활력을 준다. 10분만 눈을 감고 자면 금방
  해결될 일을 참느라고 오후를 망치지 마라.

- 낮잠을 자기 어려운 처지에 있다면 잠시만 눈을 감자. 시각은 외부자극의 2/3를 차지한다. 눈만 감고 있어도 잠을 자는 것과 비슷한 효과가 나타난다.

- 일하는 도중에 의식적으로 허리를 쭉 펴고 뒷짐을 지고서 먼 곳을 응시해보라. 가슴이 펴지며 목과 허리가 바르게 세워질 것이다.

- 박수는 특별한 장소가 필요한 것도 아니고 날씨에 구애받지도 않는다. 하고자 하는 마음만 있으면 언제 어디서든 할 수 있다.

- 박수는 경직된 근육을 유연하게 만들어준다. 자극받는 부위에 따라 두통, 요통, 소화불량 등 신체적 불편함을 해소시켜주기도 한다.

- 매일 10분 정도 지압점을 중심으로 머리를 눌러보라. 크게 힘 들이지 않고도 두뇌를 상쾌하고 건강하게 만들어줄 수 있는 방법이다.

- 머리는 온몸을 통제하는 관제탑이나 다름없다. 이런 소중한 머리에 지압으로 상쾌함을 안겨주자.

2장	
 오십의 휴식이	
내면의 평화를 찾는다	

하루 10분,
스트레스를 해소하라

1930년대 스트레스를 의학에 처음 적용시킨 내분비계 생리학자 한스 셀리에 박사는 "스트레스가 없었다면 인류는 지구상에서 사라졌을 것이다."라고 말했다.

더욱이 스트레스가 완전히 제거되면 무능한 사람이 될 뿐이라고 했다. 즉 스트레스는 인류가 살아가는 데 있어서 필수불가결한 요소인 것이다.

적당한 스트레스는 오히려 살아가는 데 도움이 되기도 한다. 스트레스가 어떤 식으로 인류에게 유익함을 주는 걸까?

스트레스는 위기를 감지한 것이다

50대가 되면 웬만한 스트레스는 적당히 넘길 배짱이 생긴다. 수많은 스트레스를 받고 극복한 경험이 많기 때문이다. 그렇기에 스트레스를 받으면 젊을 때보다 이를 극복할 방법을 빨리 찾는다.

그냥 무시할 것인지, 술 한잔하면서 털어버릴 것인지, 심각하게 고민하며 해결책을 찾을 것인지를 생각하며 스트레스 유형에 따라 관리법을 바꾼다.

몸이 좋지 않아서 병원에 진료를 받으러 가면 의사들은 스트레스 받지 말고 푹 쉬라는 말을 빼놓지 않는다. 이 말을 들으면 마음속으로 누가 그것을 몰라서 아프겠냐며 도리어 의사의 말에 스트레스를 받기도 한다.

우리 몸은 아무도 없는 밤길을 걷다가 갑자기 수상한 소리와 움직임을 감지하면, 심장박동이 빨라지고 감각이 예민해지며 근육으로 공급되는 혈액양이 증가하면서 금세 전투태세를 갖추게 된다.

이는 혈액에 분비된 스트레스 호르몬이 생존을 위해서 맞서 싸우거나 도망가는 행위를 할 수 있도록 준비하는 것이다. 결국 스트레스는 인간이 급변하는 환경에 잘 적응하기 위한 기능으로 작용해온 셈이다.

자신이 스트레스를 잘 받는 체질이라고 생각한다면 발상을 바꾸어 스스로를 위기감지능력이 뛰어난 사람이라고 생각해보라. 나아가 환경변화에 신속히 대응할 수 있는 사람, 스트레스 관리를 제대로 할 수 있는 사람이라 생각해보라. 스트레스의 늪에 빠져 허우적거리지 않고, 기어코 빠져나오는 심지가 곧은 사람이라 생각해보라.

50대인 당신은 수없는 스트레스를 받으며 여기까지 왔다. 지금 돌이켜보면 가장 큰 스트레스를 극복했던 일이 생각날 것이다. 그리고 그 위기를 극복한 당신이 대견하고 자랑스러울 것이다.

스트레스에 대한 반응과 해소법

스트레스에 대한 반응에는 생리적인 것과 심리적인 것이 있다. 두통, 불면증, 경련, 설사, 식욕부진, 피로, 집중장애, 위장장애 등의 생리적인 반응은 신체 활동에 지장을 주어 몸을 불편하게 만든다.

반면 분노, 무기력, 불안, 적개심, 초조, 우울, 공포 등의 심리적인 반응은 정신을 혼미하게 만들어 뇌가 올바른 판단을 하지 못하도록 방해한다.

미국의 심리학자 리처드 라자루스는 "스트레스는 심리적·신체적으로 감당하기 어려운 상황에 처했을 때 느끼는 불안과 위협의 감정이다."라고 말했다.

라자루스의 말대로 불안과 위협의 감정을 불러일으키는 근원이 현재의 '감당하기 어려운 상황'이라면 바로 그 어려운 상황을 제거하면 생리적인 것이든 심리적인 것이든 스트레스가 해소되지 않겠는가.

그럼 스트레스를 해결하는 보편적인 방법에 대해 알아보자. 여기서는 5가지 방법을 소개한다.

첫째, 스스로 해결할 수 없는 스트레스를 받고 있다면 병원에 가라. 스트레스로 인해 정상적인 생활을 할 수 없고, 그 원인을 스스로 해결할 수 없다면 심리 상담을 받거나 관련 병원을 찾아 치료받는 것이 우선이다.

혼자서 해결하겠다고 발버둥치는 것은 오히려 더 큰 스트레스로 돌아올 뿐이다. 전문가의 도움이 필요한 부분은 망설이지 말고 찾아가서 도움을 받아야 한다.

둘째, 우선순위를 정해 쓸데없는 것은 버려라. 일의 끝이 보이지 않고 매일 밤늦게까지 해도 남은 일의 양이 전혀 줄지 않는다면 그일들의 우선순위를 정리해보라.

일을 시작하기 전에 반드시 우선순위를 정하고, 우선순위에서 밀려난 일은 과감하게 버려라. 인생에 도움이 되지 않는 일 때문에 스트레스를 받는다면 얼마나 억울한 일인가.

셋째, 당사자를 찾아가서 해결하라. 상대가 배우자, 친구, 상사, 고객, 이웃, 가족 등 대상이 누구든지 그 사람 때문에 스트레스를 받고 있다면 용기 내어 찾아가라.

그리고 당신의 상태를 말하라. 상대는 당신의 상태에 대해 아무것도 모르고 잘 살고 있는데 당신 혼자 스스로를 괴롭히고 있다면 얼마나 억울한 일인가.

넷째, 어두운 곳에서 밝은 곳으로 나와라. 스트레스가 쌓였다고 어두운 골방에 혼자 있지 말고 그럴수록 밖으로 나와라.

햇볕을 쬐며 산책하거나 간단한 스트레칭을 하라. 세상의 밝은 빛이 당신의 스트레스를 몰아낼 것이다. 산책은 기분전환에 많은 도움을 준다.

다섯째, 심호흡을 하라. 분노, 무기력, 불안, 초조, 공포 등이 정신을 혼미하게 만들면, 지금 바로 가슴을 펴고 심호흡을 연속해서 10번 정도 해보라.

연거푸 흡입한 공기가 당신의 가슴을 답답하게 만드는 스트레스를 씻어낼 것이다. 이때, 눈을 감고 편안한 자세를 만드는 것도 좋다.

때로는 무딘 사람이 되어라

성격이 소심하거나 예민해서 작은 일 하나에도 상처받고, 하지 않아도 될 일을 떠맡아 하느라 스트레스에 시달리는 사람들이 있다. 또한 너무 꼼꼼해서 쉽게 해결될 수 있는 일도 계속 붙잡고 있느라 스트레스를 받는 사람들도 있다.

조금만 마음을 무디게 먹으면 간단히 해결될 문제인데 예민한 성격 때문에 스트레스를 받고 있다면 다음에 제시한 4가지 방법을 활용해보라.

첫째, 자신과 관계가 없으면 가능한 한 무시하라. 등 뒤에서 쑥덕거리는 소리가 들려도 자신과 관계가 없다면 무시하고 그 자리를 떠나라.

무시하면 아무것도 아닌 것을 예민하게 받아들여 괜히 스스로의 마음에 상처를 주지 마라.

둘째, 대세에 지장이 없으면 넘어가라. 성격이 너무 꼼꼼해서 사소한 일에도 스트레스를 받는 사람이 있다.

줄이 비뚤어져도, 오늘 하지 않아도, 규정에 없어도, 대세에 지장이 없다면 너무 마음 쓰지 말자. 그냥 무시하고 넘어가라. 무시해도 될 하찮은 것 때문에 스트레스를 받을 필요가 없다.

셋째, 질 때도 있다고 생각하라. 1등이 2등이 될 수 있고, 메이저 선수가 마이너로 내려갈 수도 있다고 생각하라. 지금은 졌어도 만회할 수 있는 기회가 있음을 알고 마음을 느긋하게 먹어라.

1등에만 집착하다가 생을 마감하기에는 얼마나 소중한 인생인가. 지금 이 시간이 당신에게 주어진 기회다. 당신의 귀중한 기회를 헛되이 버리지 마라.

넷째, 거절할 것은 단호하게 NO라고 말하라. 소심한 성격의 사람들은 상대방의 부당한 부탁조차도 NO라고 말하는 것을 힘들어한다. 이런 성격의 사람들은 부탁을 들어주고도 힘들어하고, 부탁을 거절하고도 힘들어한다.

부당한 부탁이라면 힘들어도 NO라고 말할 수 있는 용기를 가져라. NO라고 말하지 못하면 언젠가는 자신뿐만 아니라 조직 전체를 위기에 빠뜨릴 수 있다.

지금까지 NO라고 해본 적 없는 사람이라면 과감하게 NO라고 말해보라. 한번 시도해보면 NO라고 말하는 것이 그렇게 어려운 일이 아님을 알게 될 것이다.

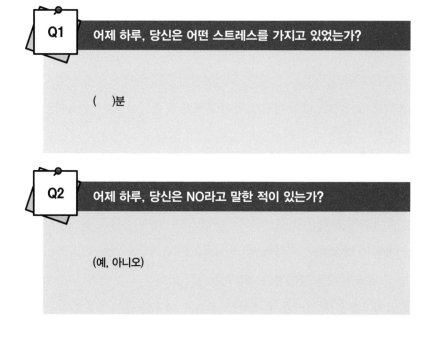

Q1 어제 하루, 당신은 어떤 스트레스를 가지고 있었는가?

(   )분

Q2 어제 하루, 당신은 NO라고 말한 적이 있는가?

(예, 아니오)

하루 10분,
복식호흡과 명상을 하라

건강을 지키기 위한 요소 중 가장 기본적인 것은 얼마나 올바르게 호흡하고 있느냐다. 그럼 어떤 호흡이 올바른 호흡이라 할 수 있을까?

먼저 자신이 평소에 어떻게 숨을 쉬고 있는지 확인해보자. 숨을 들이쉴 때 배가 들어간다면 흉식호흡을 하고 있는 것이고 배가 나온다면 복식호흡을 하고 있는 것이다.

흉식호흡은 가슴을 넓히고 축소함으로써 폐에 공기를 불어넣고 배출하는 방식이다. 이와 달리 복식호흡은 횡격막을 상하로 움직이면서 폐에 공기를 불어넣고 배출하는 방식이다.

복식호흡은 횡격막을 움직여 호흡하기 때문에 흉식호흡보다 더 많은 공기를 흡입할 수 있고 그만큼 산소 공급량도 많아진다. 또한 가슴과 어깨에 힘을 주지 않고 호흡하기 때문에 흉식호흡에 비해 편안하며 안정된 자세를 취하게 된다.

복식호흡은 몸이 반듯하게 펴진 상태에서 정상적으로 이루어지는 좋은 호흡이다. 반면에 흉식호흡은 복근이 약화되었거나 허리가 굽은 상태에서 비정상적으로 이루어지는 나쁜 호흡이다.

흉식호흡은 얕고 빠르고, 복식호흡은 느리고 깊다. 또한 흉식호흡은 보통 1분에 16~20회, 복식호흡은 1분에 5~10회 정도 숨을 쉰다.

나이가 들면서 흉식호흡을 한다

사람은 태어난 직후에는 복식호흡을 하지만 성장하면서 호흡이 점점 위로 올라가 흉식호흡을 하게 된다. 더욱이 나이가 많아 거동이 불편해지면 숨이 가슴을 지나 목까지 올라오고, 심하면 더 이상 숨을 쉴 수 없게 된다.

사람은 편안한 상태에서는 대체로 복식호흡을 한다. 그러나 심신이 불편한 상태에서는 어깨를 들썩거리며 자신도 모르게 흉식호흡을 한다. 육체에 이상이 생겼거나 우울, 불안, 분노 등 정서적인 문제가 있을 때도 가슴으로 가쁜 숨을 몰아쉬게 된다.

흉식호흡을 하면 심장에 압박이 가해지기 쉽다. 이로 인해 혈액순환이 잘 되지 않고 장기의 운동량도 크게 줄어 소화기 계통의 기능이 현저히 떨어지게 된다.

게다가 허파가 충분한 산소를 끌어모으지 못해 조금만 뛰어도 헐떡거리게 되고, 면역력이 크게 떨어져 허약체질이 될 가능성이 높다.

하지만 지금부터라도 복식호흡으로 돌아가면 산소공급이 충분해져 혈액순환과 신진대사가 원활해진다.

또한 복식호흡에 명상을 곁들이면 육체의 긴장이 풀리고, 정서적인 평온함까지 느낄 수 있다.

복식호흡을 하는 올바른 방법

횡격막을 상하로 움직여 충분한 공기를 흡입할 수 있는 복식호흡의 기본자세와 호흡법을 배워보자. 여기에 제시한 방법을 그대로 실행하면 누구나 쉽게 따라할 수 있다. 지금까지의 흉식호흡은 잊고 평안한 호흡을 시작하자.

복식호흡의 기본자세는 다음과 같이 크게 5단계로 진행된다.

1단계, 가부좌를 튼다. 무릎 부상 등으로 가부좌를 틀 수 없는 경우라면 눕거나 반듯하게 앉으면 된다. 가부좌를 틀고 앉을 장소가 없으면 의자에 앉거나 현재의 장소에서 2단계 이후의 자세를 취하면 된다.

2단계, 허리를 세운다. 평소의 생활습관 때문에 허리가 굽은 사람들이 있다. 이런 사람일수록 허리를 펴는 연습이 필요하다.

허리를 펴면 장기에 가해지는 압박이 사라져 호흡하기 쉬워진다. 허리를 세우는 것이 잘 되지 않는 사람은 두 손을 머리 위로 쭉 올리면 바른 자세를 만들 수 있다.

3단계, 어깨에서 힘을 뺀다. 보통 놀라거나 긴장하면 어깨에 힘이 들어간다. 이런 불안정한 자세에서는 호흡이 제대로 되지 않는다.

어깨 긴장이 잘 풀어지지 않을 때는 반듯하게 선 자세에서 팔에 힘을 빼고 중력에 몸을 맡겨보라. 어깨가 편안해지면서 긴장이 풀어질 것이다.

4단계, 턱을 당긴다. 이때, 턱은 살짝만 당겨야 한다. 심각한 표정으로 턱을 당기면 이중 턱이 되어 오히려 호흡을 힘들게 만든다. 목에 들어간 힘을 빼고 시선을 정면으로 향하면 턱은 자연스럽게 당겨진다.

5단계, 눈을 감는다. 종종 눈을 뜨고 일정한 지점을 바라보며 복식호흡을 하는 사람들도 있다. 그런 사람들은 해당 지점에 원이나 풍경사진, 마음이 편안해질 만한 글귀 등을 붙여놓고 그것을 보면서 호흡해도 좋다.

이렇게 하면 눈을 감는 것보다 잡생각이 들지 않는다. 그러나 숙달되지 않은 사람은 눈을 감는 것이 좋다. 눈을 감으면 외부자극의

2/3가 차단되어 그것만으로도 긴장이 해소되기 때문이다.

이렇게 자세를 잡고 나서 본격적인 복식호흡을 시작하면 된다. 호흡법은 기본자세와 마찬가지로 다음의 5단계로 진행된다.

1단계, 코로 호흡한다. 자신도 모르게 입으로 숨을 쉬는 사람들이 있다. 이는 입 안을 건조하게 만들고 세균이 번식하도록 만들어서 건강에 좋지 않다. 숨은 가능한 한 코로 쉬는 것이 좋다.

2단계, 배를 쑥 내밀며 공기를 흠뻑 들이마신다. 여기서 중요한 것은 배는 내밀되 가슴은 움직이지 않아야 한다는 점이다.

다만, 처음에는 가슴을 움직여서라도 배를 내밀며 호흡하는 수밖에 없다. 훈련하다 보면 저절로 가슴을 움직이지 않고 배를 내밀며 숨 쉴 수 있게 될 것이다.

3단계, 잠시 숨을 멈춘다. 숨을 잔뜩 들이쉰 후에는 한 3초 정도 호흡을 멈추는 것이 좋다. 잠깐이지만 배에 힘이 가해지면서 기분 좋은 열기를 느낄 수 있다.

4단계, 10초 정도 여유를 두고 숨을 조금씩 내보낸다. 코로 내쉬거나 입을 오므려서 공기를 조금씩 내보낸다. 공기를 내보낼 때는 마음속으로 숫자를 하나부터 열까지 세면 쉽게 할 수 있다.

5단계, 이 모든 과정을 처음부터 끝까지 반복한다.

명상을 하는 올바른 방법

명상에는 한 가지 생각에 집중하거나, 혹은 아무런 생각을 하지 않고 호흡에만 집중하는 방법이 있다.

한 가지 생각에 집중하는 방법은 사람마다 혹은 심리적 상황에 따라 대상을 달리 할 수 있다.

예를 들어 우울증이 있는 사람이라면, 눈을 감고 아이들이 즐겁게 놀고있는 장면을 그려볼 수 있다. 자신이 가장 행복했던 어린 시절의 모습을 떠올리거나, 최근에 가장 즐거웠던 때를 생각해보면 된다.

일이 잘 안 풀리는 사람이라면, 눈을 감고 마라톤 대회에서 자신이 1등으로 들어오는 모습을 상상해볼 수도 있다. 또는 일이 원하는 대로 풀리는 모습을 그려보아도 좋다.

스트레스로 고민하는 사람이라면, 눈을 감고 자신이 야구선수가 되어 야구장에서 홈런을 치는 모습을 그린다거나, 자신이 축구선수 손흥민과 같은 슈퍼스타가 되어 운동장을 누비는 모습을 생각할 수 있다.

이와 달리 아무런 생각도 하지 않고 호흡에만 집중하려고 한다면, 눈을 감은 후 배가 들어갔다 나왔다 하는 것만 신경쓰면서 천천히 숫자를 세면 된다.

복식호흡과 명상은 어디서라도 할 수 있다

복식호흡을 곁들인 명상을 해보라고 말하면 대부분의 사람이 그럴 만한 장소가 없다고 대답한다.

그들은 복식호흡과 명상은 누구의 훼방도 받지 않는 조용한 장소나 가르치는 사람이 있는 수련원에서 해야 제대로 할 수 있다고 생각하고 있는 것이다.

물론 그런 곳은 명상하기에 최적의 장소다. 하지만 그런 장소를 시간을 내어 찾아가기는 어렵다. 그렇다면 평소에는 명상이 불가능한 것일까? 그렇지 않다.

방법만 알고 있다면 명상은 어디에서나 가능하다. 승용차나 지하철에서도 할 수 있다. 사무실, 안방, 휴게실, 벤치, 화장실, 의자, 방바닥 등 어느 곳이든 상관없다.

복식호흡도 마찬가지다. 본인의 의지만 있다면 어느 곳에서든지 가능하다. 숨을 크게 들이쉬고 내쉬는 행동이기에 공기가 탁하지만 않으면 된다.

만약 사무실에 있다면 첫 번째 자세인 가부좌는 틀지 말고 두 번째 자세부터 시작하면 된다. 허리를 세우고, 어깨에 들어간 힘을 빼고, 턱을 당기고, 눈을 감으면 복식호흡의 기본자세는 준비된 셈이다. 그다음에는 순서대로 호흡을 시작하면 된다.

명상도 어렵지 않다. 복식호흡의 자세가 되었다면, 자신이 선택한 그림을 그리며 명상을 시작하면 된다. 처음에는 어렵다고 느꼈을지라도 생각보다 쉽게 할 수 있을 것이다.

처음에는 어색해서 10분을 견디기 힘들지만 일주일만 계속하다 보면 점점 쉽게 느껴진다. 그리고 한 달 정도가 지나면 자신에게 적합한 방법이 만들어지고, 결국 습관으로 정착해서 몸과 마음이 평온해진다.

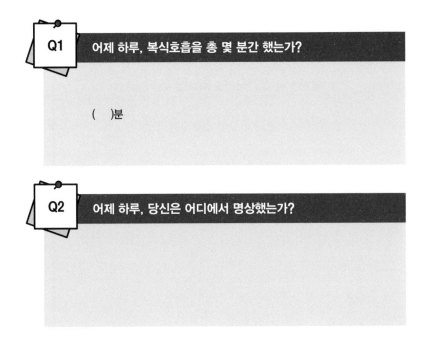

Q1 어제 하루, 복식호흡을 총 몇 분간 했는가?

(　　)분

Q2 어제 하루, 당신은 어디에서 명상했는가?

복식호흡의 장점

1. 체내에 산소를 충분히 공급해준다.

2. 장기의 혈액순환이 활발해진다.

3. 심폐기능을 향상시킨다.

4. 자세가 바르게 교정된다.

5. 집중력이 향상된다.

6. 체지방을 감소시켜 다이어트에 효과가 있다.

7. 불면증 등 불안장애를 치료할 수 있다.

8. 혈관이 이완되어 고혈압에 도움이 된다.

9. 몸과 마음의 긴장을 해소시킨다.

10. 언제 어디서든 할 수 있고 돈이 들지 않는다.

하루 10분,
웃어보라

여러 사람이 만나서 이야기할 때, 처음에는 예쁘거나 잘생긴 사람이 제일 먼저 눈에 띈다. 그래서 자신도 모르게 이런 사람들을 바라보며 이야기를 시작한다.

그러나 시간이 흐르면서 점점 웃고 있는 사람을 바라보며 이야기하게 된다. 첫눈에는 예쁘고 잘생긴 사람에게 호감을 느꼈지만 이야기하다 보면 웃는 얼굴의 사람에게 편안함을 느끼고 마음이 끌리는 것이다.

표정은 그 사람의 내면을 비춰주는 거울이나 마찬가지이기 때문이다. 그래서 우리는 항상 미소를 지으며 살아가야 한다.

웃는 사람에게 호감이 간다

직원 채용을 위한 면접에서도 처음에는 잘생긴 사람에게 눈이 간다. 그러나 질문과 대답을 주고받다 보면 잘생긴 사람보다 웃는 인상의 사람에게 마음이 쏠린다.

그 결과 비슷한 경력과 능력을 가지고 있는 사람이라면 웃는 얼굴의 사람을 선택하게 된다. 이런 사람들이 함께 근무할 때 팀워크를 중시하고 긍정적인 에너지를 발산할 것 같기 때문이다.

표정이란 보이지 않는 사람의 마음을, 얼굴을 통해서 밖으로 내보내는 것이다. 모든 사람의 얼굴은 그 사람의 일생을 통해서 만들어졌다. 그렇기에 눈앞에 보이는 모습에서 그 사람의 성격과 마음, 성장환경을 짐작해낼 수 있다.

그래서 사람들은 대체로 웃는 얼굴의 사람에게 호감을 보인다. 그 표정에서 편안함과 긍정의 에너지를 느끼기 때문이다.

나이가 들수록 웃음이 줄어든다

일상에서 사람들이 웃는 횟수를 조사한 통계에 따르면 어린아이는 하루 400번 정도, 성인은 하루 15번 정도 웃는다고 한다. 실제로 어린아이들이 놀고 있는 모습을 관찰해보면 수없이 웃는다는 사실을 알 수 있다.

웃을 만한 특별한 이유가 있지도 않은데, 아이들은 금세 까르르 소리를 내며 웃는다. 어린아이의 얼굴은 그냥 보기만 해도 귀엽고 사랑스럽다. 여기에 웃음까지 더해졌으니 얼마나 귀엽겠는가. 어린 아이를 보는 것만으로도 마음이 편안하고 행복해진다.

그러나 어른이 되면서 그리도 많던 웃음은 점점 줄어든다. 당신의 주변을 한 번 살펴보라.

사무실에서 일하고 있는 사람들, 엘리베이터를 기다리고 있는 사람들, 길거리를 걸어가고 있는 사람들, 자동차 운전을 하고 있는 사람들, 시장에서 물건을 고르고 있는 사람들을 비롯하여 다양한 사람들이 있다.

그들의 얼굴을 살펴보면 대부분 표정이 없거나 불만이 있는 듯이 보인다. 심하게는 벌레 씹은 표정을 한 사람들도 있다.

왜 어른과 아이의 웃음 횟수에 385번의 차이가 생기게 된 걸까? 삶에 찌들었기 때문일까, 일이 힘들기 때문일까?

물론 그것도 이유 중 하나가 되겠지만, 무엇보다도 일상에서 웃을 일이 적어졌기 때문이다. 회사 생활은 치열하고, 물가는 끝을 모르고 오르는 등 현실적인 걱정거리가 나날이 늘어만 간다. 그렇기에 나이가 들수록 의도적으로 웃는 표정을 지음으로써 잃어버린 385번의 웃음을 되찾아야 한다.

웃으면 행복해진다

속담이나 명언을 살펴보면 웃음의 긍정적인 의미를 강조하는 것들이 많다.

그 중 "일소일소 일노일노(一笑一少 一怒一老)."라는 말은 '한 번 웃으면 한 번 젊어지고, 한 번 노하면 한 번 늙어진다.'라는 뜻이다.

"소문만복래(笑門萬福來)"는 '웃으면 복이 온다.'라는 의미다. 웃을 때마다 젊어지고, 웃기만 해도 만복이 들어온다고 하니 웃음이란 얼마나 좋은 것인가.

독일의 학자 칼 조세프 쿠쉘은 "웃음은 마음의 치료제일 뿐만 아니라 신체의 미용제다. 당신은 웃을 때 가장 아름답다."라고 말했다.

얼마나 많은 사람이 돈을 들여 젊어지려고 노력하는가. 그들은 성형을 하고 갖가지 화장품을 얼굴에 바르며 조금이라도 젊고 아름다워 보이려고 노력한다.

하지만 웃음은 돈을 들이지 않고도 사람을 예뻐지고 젊어지게 만든다. 일이나 공부를 하는 것처럼 어렵지도 않다. 웃기 위해서 거창한 계획을 세울 필요도 없다. 시간이 많이 소요되는 것도 아니다. 그냥 지금 바로 웃으면 된다.

미국의 심리학자 윌리엄 제임스는 "웃기 때문에 행복하다."라고 말했다. 이 말은 행복하기에 웃는 것이 아니라 웃기 때문에 행복해진다는 뜻이다.

불행의 늪에서 벗어나지 못하고 있는 사람에게 얼마나 좋은 말인가. 행복을 찾고 있는 사람에게 얼마나 위안이 되는 말인가. 불행을 입에 달고 사는 사람이나 행복의 무지개를 찾아 헤매는 사람이라면 윌리엄 제임스의 말대로 일단 한번 웃어보라.

긍정의 웃음과 부정의 웃음

하지만 웃음이라고 모두 좋은 것은 아니다. 웃음에는 긍정적인 에너지를 가져다주는 것이 있는 반면, 부정적인 에너지를 가져다주는 것도 있다.

긍정적인 에너지를 가져다주는 웃음으로는 미소와 파안대소(破顏大笑)를 들 수 있다. 미소는 소리 내지 않고 빙긋 웃는 것을 말한다. 미소에는 따스함이 담겨 있다. '스마일' '김치' '사랑해' '위스키' 등 입꼬리를 올릴 수 있는 단어를 말하며 연습해보자.

최근 사람들이 가장 많이 연습하는 단어는 '개구리 뒷다리'로, '리'에서 올라간 입꼬리를 10초 정도 유지한다. 다른 단어들도 마찬가지다. 이를 계속 연습하다 보면 자연스럽게 미소가 지어진다.

파안대소는 매우 즐거운 표정으로 한바탕 크게 웃는 것을 말한다. 이 웃음은 정신건강에 좋고 스트레스 해소에 탁월한 효과가 있다.

반면에 부정적인 에너지를 가져다주는 웃음은 냉소와 조소를 들

수 있다.

　냉소는 무관심하거나 쌀쌀맞은 태도로 비웃는 것을 말한다. 좋은 것보다 나쁜 것을 보고, 긍정적인 것보다 부정적인 것을 생각하는 것이다.

　조소는 남을 깔보고 놀리며 비웃는 것을 말한다. 냉소와 조소를 많이 짓는 사람은 불행한 사람이다. 상대방은 물론 자신의 마음까지도 삭막하게 만들기 때문이다.

　그렇기에 우리는 웃음을 기분 좋은 방향으로 활용해야 할 것이다.

웃음의 효과를 누려라

미국 인디애나주 메모리얼 병원 연구팀은 15초 동안 크게 웃으면 엔도르핀과 면역세포의 활성화를 증가시켜 수명이 이틀 증가된다고 발표했다.

　웃는 사람의 혈액에는 바이러스, 암세포를 공격하는 '자연살해세포(NK; Natural Killer Cell)'가 활성화된다고 한다. 암 투병하는 사람들이나 병상에 누워 있는 사람들이 자주 웃어야 하는 이유다.

　웃음은 심장박동을 활발하게 한다. 혈압을 떨어뜨리고, 혈액순환을 원활하게 하며, 산소공급을 증가시킨다. 또한 웃음은 진통제 역할을 하는 엔도르핀, 옥시토신과 같은 신경 물질을 분비한다.

편두통이 있거나 머리가 아플 때 한번 크게 웃어보라. 효과가 있을 것이다. 웃음은 우리 몸의 자연 치유력도 강화시킨다. 더불어 심리적인 안정감을 가져다준다.

어렵고 힘들수록 억지로라도 웃어보자. 하루 10분간은 의무적으로 웃어보자. 자신도 모르게 웃게 되는 일이 많이 생길 것이다.

자신만의 웃음 원칙을 만들어라

그러나 막상 웃으려고 하면 언제, 어디서, 어떻게 웃어야 할지 몰라 망설여진다. 웃음에 대해서 의도적으로 생각해보지 않았기 때문이다. 다음에 제시한 5가지 방법을 활용해보자.

첫째, 아침에 눈을 뜨자마자 웃는다. 대부분의 사람은 아침에 일어나면 얼굴을 찡그린다. 준비 없이 밝은 빛을 마주하기 때문이다. 그러나 "아침에는 일어나자마자 웃는다."라는 원칙을 늘 상기하고 있으면 표정을 바꿀 수 있다.

잠에서 깨어났을 때 바로 눈을 뜨지 말고 10초 정도 눈을 감은 채 잠시 기다렸다가 살짝 눈을 뜨면서 10초 정도 미소를 짓는다. 그 표정으로 다시 눈을 감고 3번 정도 반복한다. 평온한 기분을 느끼게 될 것이다.

매일 아침, 일어날 때마다 동일한 행동을 반복해보라. 이것이 습관이 되면 아침이 상쾌해진다.

둘째, 시간을 정해놓고 웃는다. 하루 중 웃는 시간을 정해놓고 웃는 것이다. 그 시간이 되면 무조건 웃는다. 웃을 시간이 되었는데 소리 내어 웃을 수 없는 장소라면 표정으로라도 웃어보자.

소리 내어 웃기 좋은 장소는 혼자 운전 중인 자동차, 등산 코스, 해변 등 크게 웃어도 다른 사람들에게 방해가 되지 않는 장소가 좋다.

셋째, 웃음 구역을 만들어서 웃는다. 자주 방문하는 곳을 중심으로 적당한 구역을 선정해서 그곳에 들어가면 무조건 웃어보는 것이다. 집에서라면 현관문을 웃음 구역으로 만들어도 좋다.

그리고 이런 구역을 만들 때는 가족끼리 의논하여 만들기로 약속하자. 현관문을 열고 웃으면서 들어오면 실내에 있던 사람들에게도 웃음 바이러스가 퍼져 온 집안이 웃음으로 가득할 것이다.

또는 거울이 있는 곳을 웃음 구역으로 만들 수도 있다. 집이라면 거울이 있는 화장대 주변을 웃음 구역으로 만들어 웃는다. 바깥이라면 공중 화장실 거울 앞이나 길거리의 쇼윈도를 바라보며 웃으면 된다. 처음에는 어색하지만 습관이 되면 별것 아니다.

넷째, 큰 소리로 웃는다. 누군가 재미있는 이야기를 하면 큰 소리로 웃어라. 개그 프로그램을 시청하면서 조용하고 엄숙하게 앉아 있지 마라. 개그 프로그램은 웃을 수 있는 마당을 제공한 것이다. 크게 웃으며 즐겨라. 이때만큼은 마음 놓고 웃어도 된다.

다섯째, 억지로라도 웃는다. 사람은 행복할 때는 웃고, 화가 났을 때는 얼굴을 찌푸린다. 미소를 지으면 점점 행복해지고, 얼굴을 찌푸리면 점점 화가 난다.

이처럼 표정이 감정에 영향을 주는 것을 '안면 피드백'이라고 한다. 웃을 일이 없어도 하루에 10분간은 억지로라도 웃어라. 억지로 웃어도 웃음은 웃음이다. 사람의 뇌는 억지로 웃어도 행복한 것으로 착각한다고 하지 않는가.

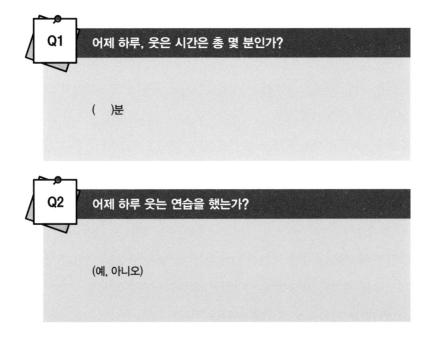

Q1 어제 하루, 웃은 시간은 총 몇 분인가?

(   )분

Q2 어제 하루 웃는 연습을 했는가?

(예, 아니오)

하루 10분,
마음의 여유를 가져라

우리는 가끔 자신도 모르게 시선을 어느 한 곳에도 고정시키지 않고 멍하게 있을 때가 있다.

멍을 때리는 것은 육체는 현실에 발을 붙이고 있지만 마음은 현실을 인식하지 못하고 있는 상태를 말한다. 즉 현실의 세상도 아니며 비현실의 세상도 아닌 애매한 곳에서 정신줄을 놓고 있는 상태인 것이다.

얼핏 보기에는 그저 시간을 낭비하는 것 같은 행동이 오히려 당신의 마음을 평온하게 만들 수 있다. 머리를 비우는 행위는 다양한 고민거리로 복잡한 뇌를 쉬게 만든다.

멍을 때려보라

우리는 타인과의 경쟁을 넘어 자기 자신과도 경쟁해야 하는 무한 경쟁 시대에 살고 있다. 어제보다 발전한 내가 되어야 하고, 어제보다 더 많은 지식과 부를 축적해야 한다는 생각에 늘 바쁘게 움직여야 한다.

심지어 스마트 기기들의 등장으로 사람들은 더욱 바빠졌다. 끊임없는 자극과 방대한 정보에 노출되면서 뇌와 마음은 쉬고 싶다고 외치고 있지만 아무것도 하지 않으면 극도로 불안해진다.

우리는 항상 지혜로운 사람, 똑똑한 사람으로 보여야 한다는 긴장 속에서 살아간다. 이런 세상에서 아무것도 하지 않고 있으면 자신을 제도권 밖으로 쫓아내달라고 하는 것이나 다름없다고 여긴다.

제도권 안에서 살아남기 위해 늘 긴장하고 있으니, 뒷골이 당기고 어깨가 아프다. 육체는 경직되고, 일상적인 활동이 매끄럽지 못하다.

고통을 호소하며 병원을 찾아가지만 의사는 육체의 어딘가에 문제가 생긴 것은 아니라고 말한다. 치료받을 만한 것도 아니라며 약도 처방해주지 않는다. 다만 긴장을 풀고 휴식을 취하라고만 할 뿐이다.

이런 상태는 약을 먹거나 다른 사람들의 도움을 받아 해결할 수 없다. 스스로 긴장을 풀어 경직된 몸을 이완시켜주어야 한다.

이때 긴장을 풀 수 있는 가장 좋은 방법이 멍을 때리는 것이다. 결코 어렵게 생각하지 마라. 아무 생각 없이 몸에 힘을 빼고 그냥 앉아 있으면 된다.

따로 장소를 마련해야 하는 것도 아니다. 지금 있는 장소에서 정신줄을 놓고 혼자서 멍하니 있으면 된다. 곧 세상의 소리도 나의 소리도 들리지 않게 될 것이다.

멍 때리는 동안에 뇌는 휴식을 통해 새로운 에너지를 얻는다. 불필요한 정보가 삭제되고 그 공간에는 새로운 기억이 저장된다. 머리는 비울수록 새로운 생각으로 채워지고, 창의적인 아이디어는 휴식 후 산뜻하게 정리된 두뇌에서 나온다.

하루 10분의 멍 때림으로 마음을 편안하게 만들고 새로운 에너지를 얻어보자.

의도적으로 멍을 때려 평화를 맛보자

"나는 지금 아무 생각이 없다. 왜냐하면 아무 생각이 없기 때문이다."라는 말을 들어본 적이 있는가? 멍을 때리고 있음을 재미있게 표현한 문장이다.

우리는 종종 자신도 모르게 멍을 때리게 될 때가 있다. 나는 날씨가 따뜻한 날이면 벤치에 멍하니 앉아 있기도 한다. 이때 나를 알고 있는 사람이 눈을 마주치며 인사를 한다.

그러나 나는 아무런 반응도 없이 앉아 있다. 그러다 그 사람이 어깨를 툭 치면 깜짝 놀라 웬일이냐며 반색한다. 잠시 동안 정신이 나의 통제를 벗어나 무아의 경지로 들어간 것이다.

우리는 밥을 먹으면서, 길을 가면서, 기차를 기다리면서, 책상에 앉으면서, 합격통지서를 받으면서, 상을 당하면서, 사랑을 하면서, TV를 보면서, 회의를 하면서, 상사의 꾸지람을 들으면서, 공부를 하면서, 심지어 시험지를 눈앞에 두고서도 자신도 모르게 멍하니 있을 때가 있다.

무엇을 하고 있는지 의식하지 못하고 잠시 다른 세상에 갔다 오는 것이다. 이런 멍 때림의 순간이 있기에 심장을 짓누르는 스트레스 속에서도 심장이 터지지 않고, 긴장으로 경직된 몸이 부러지지 않고, 고민으로 가득한 두뇌가 깨지지 않는다.

그러나 일상 속 이런 순간적인 멍 때림만으로 깨어진 마음의 평안이 회복되는 것은 아니다. 긴장으로 굳어진 육체가 바로 유연해지는 것도 아니다.

그렇기 때문에 우리에게는 순간적인 멍 때림을 보완할 수 있는 의식적인 멍 때림이 필요하다. 1~2분의 짧은 멍 때림이 아닌, 적어도 하루 10분 정도의 의도적인 멍 때림 말이다.

무익한 시간이라고 무시하지 마라. 이 10분 간의 멍 때림이 당신을 급박하게 굴러가는 현대 사회로부터 지켜줄 것이다.

고개를 들어 하늘을 보라

하늘은 보려는 마음만 있다면 언제 어디서든 볼 수 있다. 하지만 언제 마지막으로 하늘을 보았는지 한번 떠올려보라. 망설임 없이 말할 수 있을 정도로 빨리 떠오르지는 않을 것이다.

잠시 아래를 향한 시선을 멈추고 고개를 들어 하늘을 보라. 지금 보고 있는 하늘이 무슨 색깔인지, 보이는 것이 뭉게구름인지 새털구름인지 생각해보라.

아침에 일어나면 창문을 열고 가장 먼저 하늘을 보라. 점심식사 후에는 사무실 밖으로 나와 대낮의 하늘을 보라. 버스를 타고 가면서 창문을 통해 움직이고 있는 하늘을 보라. 마음만 먹으면 하늘은 어디서든 볼 수 있다.

고층 건물로 둘러싸인 도시에서 산이나 들판은 건물 뒤로 숨는다. 유일하게 얼굴을 내밀고 있는 자연은 하늘뿐이다. 하늘은 당신이 고개를 들어 봐주기를 기다리고 있다. 고개를 들기만 하면 당신의 눈에 푸른 하늘의 미소가 담길 것이다.

마음의 안식을 건네는 자연을 눈에 담아보라. 여행을 떠나면 마음이 편안해진다. 골치 아픈 일상을 떠나서인 것도 하나의 이유지만, 더 큰 이유는 하늘을 많이 보기 때문이다.

내가 살던 곳과 다른 하늘의 색깔을 음미할 수 있는 것도 여행의 장점이다.

하늘을 보면 무엇이 떠오르는가? 파란 하늘을 가만히 보고 있으면 평화롭다는 생각이 든다. 마음이 복잡하고 스트레스가 쌓일 때 파란 하늘을 보며 마음의 평화를 얻어보라.

맑은 하늘을 보고 있으면 희망이라는 말이 떠오른다. 하고자 하는 일이 제대로 되지 않아 절망감에 빠지게 되면 맑은 하늘을 보며 희망을 가져보라.

높은 하늘을 보면 성공이란 말이 다가온다. 일이 순조롭게 잘되어 가슴이 뿌듯할 때 높은 하늘을 보며 감사한 마음을 가져보라.

하늘을 머리에 이고 생활하고 있는 당신. 늘 그 하늘의 존재를 인식하고 고개를 들어보라.

동쪽 끝 하늘과 서쪽 끝 하늘을 보라

사무실 안에 있는 당신은 컴퓨터 앞에 앉아 하루 종일 눈을 부릅뜨고 있다. 출퇴근 중에는 스마트폰으로 무언가를 확인하느라 고개를 숙이고 있다. 집에서는 소파에 앉아 TV 화면을 주시한다.

아름다운 하늘이 머리 위에 펼쳐져 있어도 보지 못하고 자신의 눈앞만 바라보는 것이 습관이 되면 세상을 보는 안목도 좁아져서 미래를 보지 못하게 된다.

동쪽 끝 하늘과 서쪽 끝 하늘을 바라보라. 당신의 눈길이 닿은 그 하늘 아래에는 어떤 마을이 있을지 생각해보라. 그리고 그곳을 찾아가보라.

당신이 찾아간 그곳에서 당신이 살고 있는 곳을 바라보며 당신이 하고 있는 일을 떠올려보라. 그 넓은 하늘 아래 당신이 집착하고 있는 그곳이 얼마나 좁은지 느껴보라.

하늘을 보면 마음이 밝아진다. 밝아진 마음은 일상을 여유롭게 보는 눈을 가지게 한다. 푸른 하늘을 볼 수 있는 사람은 바쁜 일상에서도 여유를 찾고자 하는 사람이다.

아무리 바쁘고 정신이 없어도 하늘을 볼 수 있는 시간마저 없겠는가. 만일 그럴 시간이 없다면 당신은 영혼을 가진 사람이 아니다. 당신은 목각 인형이거나 비석일 뿐이다.

하늘을 올려다보았더니 시커먼 구름만 잔뜩 끼어 있어 마음까지 우중충해진다고 말하는 사람이 있을지도 모르겠다. 하지만 컴퓨터나 스마트폰 화면보다 훨씬 눈이 편안하지는 않았는가.

또는 햇빛이 너무 눈부셔서 눈이 멀 뻔했다고 투덜대는 사람이 있을지도 모르겠다. 하지만 그 찰나의 순간만은 태양을 정면으로 바라본 셈이니 진 게임만은 아니다.

코발트빛 하늘이, 눈부신 해가, 밤이고 낮이고 늘 한자리에서 은은하게 빛나고 있는 달과 별이, 그리고 새하얀 구름이 머리 위에서 당신이 봐주기를 기다리고 있다.

하루에 10분 정도는 당신의 주변에서 있는 듯 없는 듯 당신을 둘러싸고 있는 하늘의 소중함을 느껴보라. 고개를 살짝 들기만 해도 된다. 이 작은 수고가 당신의 눈과 마음을 맑게 만들 것이다.

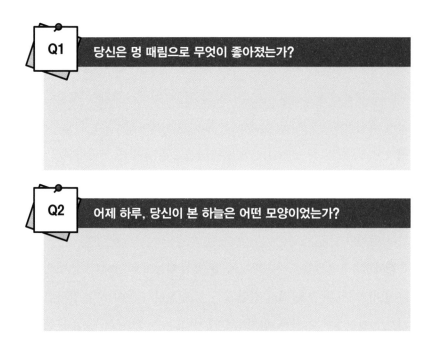

Q1 당신은 멍 때림으로 무엇이 좋아졌는가?

Q2 어제 하루, 당신이 본 하늘은 어떤 모양이었는가?

하루 10분,
감사기도를 하라

우리는 살아가면서 종종 감사할 일이 많아 보이는 사람이 오히려 삶에 불평하며 한탄하는 모습을 보게 된다. 이들은 자신을 다른 사람과 비교함으로써 행복과 불행을 판단하는 욕심 많은 사람이다.

반면 감사할 일이 없어 보이는데도 항상 감사하다고 말하는 사람들이 있다. 이들은 일상의 소소한 일에서 감사함을 발견하는 순수한 사람이다.

감사함을 느끼는 건 마음먹기에 달렸다. 대상이 거창해야 할 필요는 없다. 감사할 것을 멀리서 찾지 말고 일상에서 찾아보라. 감사할 것으로 둘러싸인 자신을 발견하게 될 것이다.

사소한 것이라도 감사하라

감사와 불평은 전적으로 자신의 마음에 달려있다.

새벽 출근길을 밝혀주는 가로등 불빛에 감사하다가도 퇴근길을 밝혀주는 가로등 불빛이 어둡다고 불평할 때가 있다. 현상은 변함이 없는데 가로등을 바라보는 내 마음이 달라졌기 때문이다.

지금 형편으로는 감사할 일이 하나도 없다고 말하는 사람들이 있다. 그러나 관심을 가지고 주변을 둘러보면 삶 속에서 감사할 것들이 수없이 발견될 것이다.

진짜 감사할 것은 공기와 같아 잘 보이지 않는다. 그리고 누구나 누리고 있는 것이라고 여겨 딱히 감사해야 한다고 생각하지 않는다.

하지만 건강처럼 잃고 나서 아무것도 할 수 없을 때에서야 그 중요성을 깨닫게 된다. 그렇기에 누구나 누리고 있는 것이라고 무시하지 말고 그것을 부여받은 데 감사하라.

오늘 살아가고 있음에 진심으로 감사하라. 어제 숨을 거둔 사람이 그토록 원했던 오늘이기 때문이다. 먹을 수 있는 음식이 있음에 감사하라. 먹을 것이 없어 굶어 죽는 사람들이 있다.

내 앞에 펼쳐진 세상을 볼 수 있는 눈과 아름다운 음악을 들을 수 있는 귀가 있음에 감사하라. 가고 싶은 곳을 걸어갈 수 있는 건강한 다리가 있음을 감사하라. 앉았다 일어설 수 있는 무릎이 있음을 감사하라. 화장실에서 스스로 대소변을 처리할 수 있음에 감사하라.

부모님이 살아계심에 감사하라. 가족이 있음에 감사하라. 가족을 부양할 수 있는 수입이 있음을 감사하라.

일할 수 있는 직장이 있음을 감사하라. 직장을 구하러 다닐 수 있는 마음이 있음을 감사하라. 옛날에 태어나서 노예가 되지 않고 인간답게 살 수 있는 오늘날에 태어난 것에 감사하라.

친구들과 채팅을 할 수 있는 기기를 가지고 있음에 감사하라. 누워서 잠잘 수 있는 침대가 있음에 감사하라. 앉아서 쉴 수 있는 소파가 있음에 감사하라.

허리를 구부려 양말을 신을 수 있음에 감사하라. 배낭을 메고 등산할 수 있는 능력이 있음에 감사하라.

가로수 아래를 산책할 수 있는 환경에 감사하라. 영화관에서 영화를 볼 수 있음에 감사하라. 붐비는 지하철에서 자리를 잡아 앉아 갈 수 있음에 감사하라. 이 시간, 이 자리에 있음을 감사하라.

풍족한 세상에 살아온 우리가 '감사의 마음'을 가지려면 연습이 필요하다. 감사의 조건들은 지극히 평범하고 일상적이어도 충분하다.

현재를 둘러보고 세상을 보는 시선을 바꿔보자. 감사할 것을 멀리서 찾지 말고 일상의 삶 속에서 찾아보라. 감사할 것으로 둘러싸인 자신을 발견하게 될 것이다. 그러기 위해 감사노트를 준비하자.

감사기도는 평안을 준다

기도에는 자신이 필요한 것을 구하는 기도와 자신이 누리고 있는 것에 대해 감사하는 기도가 있다. 그런데 감사기도에 익숙하지 않은 대부분의 사람은 무의식적으로 감사기도보다 구하는 기도에 치중하게 된다.

병든 사람들은 병을 낫게 해달라고 기도한다. 직장이 없는 사람들은 직장을 구하게 해달라고 기도한다. 인간관계가 좋지 않은 사람들은 인간관계가 개선되게 해달라고 기도한다.

더 많은 돈을 벌 수 있게 해달라, 공부를 잘할 수 있게 해달라, 승진할 수 있게 해달라, 좋은 집에 살게 해달라는 등의 부족함을 채워주거나 지금보다 더 많은 것을 구하는 기도를 한다. 답답한 마음을 풀어보기 위해서다.

이런 기도라도 하는 사람은 기도하지 않고 고민하는 사람보다 마음의 안정을 쉽게 취할 수 있다. 기도를 통해서 자신과 사회에 대한 분노와 스트레스를 해소하기 때문이다.

하지만 기도할 때는 의식적으로 감사기도를 먼저 하는 습관을 가져보라. 부족한 것, 필요한 것이 있어 구하는 기도를 하기 전에 먼저 감사기도부터 시작하면 감사할 것들이 생각난다.

감사기도는 감사함을 표현함으로써 인생을 아름답게 보이도록 만든다. 감사기도는 부족함을 여유로움으로 바꿔주고, 욕심을 버리게 하는 힘이 있다.

　감사기도는 아픈 상처가 있어도 살아있기에 그나마 다행이라는 긍정적인 마음으로 상처의 회복력을 높인다. 또한 감사기도는 자신의 인생이 불행하다며 불평하는 사람에게 작은 행복을 찾을 수 있는 요령을 알려주기도 한다.

　감사기도를 시작하면 감사할 것이 하나둘씩 보이다가 어느새 점점 늘어난다. 그러면서 자신의 주변에 감사할 것이 널려 있음을 알게 된다. 그렇게 어느 순간 감사의 조건들이 늘어나고 있음을 알게 될 것이다.

감사기도는 어느 곳에서나 가능하다

감사기도는 누구의 방해도 받지 않는 조용한 곳에서 하면 좋다. 하지만 그렇다고 시끄러운 곳에서 할 수 없다는 것은 아니다.

　아침에 출근하는 전철에서도 눈을 감고 감사기도를 할 수 있다. 업무를 시작하면서 혹은 업무 중에 기도할 수도 있다.

　교회에 다니는 사람들은 교회나 기도원을 찾아가 기도를 하지만 교회를 가지 않거나 갈 시간이 없는 사람은 지금 있는 장소에서 기도하면 된다.

　일상에서는 식사를 하기 전에 감사기도를 하고, 잠자리에 들면서 하루를 마무리하며 감사기도를 할 수 있다.

행복은 고난이라는 단단한 밧줄로 묶여 있다. 이 밧줄을 풀 수 있는 것이 바로 감사기도다. 먼 곳에서 행복을 찾느라 고생하지 말고, 일상에서 하루 10분만 마음을 가다듬고 감사기도를 해보자.

10분의 감사기도가 당신을 평안하게 만든다. 지금의 평안함이 하루를 즐겁게 만들고, 한 달, 일 년, 나아가 일생을 행복하게 만들어 줄 것이다.

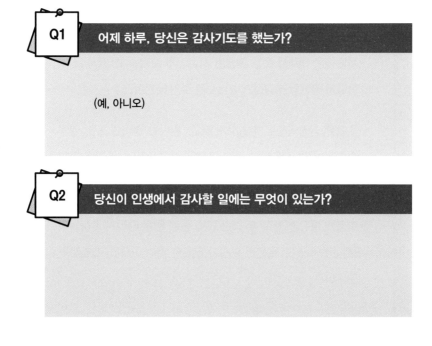

Q1 어제 하루, 당신은 감사기도를 했는가?

(예, 아니오)

Q2 당신이 인생에서 감사할 일에는 무엇이 있는가?

2장. 오십의 휴식이 내면의 평화를 찾는다

- 스트레스는 인간이 급변하는 환경에 잘 적응하기 위한 기능으로 작용해왔지만 지나치면 좋지 않다.

- 자신이 스트레스를 잘 받는 체질로 느껴진다면 발상을 바꾸어 스스로를 위기감지능력이 뛰어난 사람이라고 생각해보라.

- 복십호흡을 곁들인 명상을 하면 마음의 답답함을 해소하고 육체의 긴장을 이완시킬 수 있으며, 정서적인 평온함을 느낄 수 있다.

- 사람들은 대체로 웃는 얼굴의 사람에게 호감을 보인다. 그 표정에서 편안함과 긍정의 에너지를 보기 때문이다.

- 웃음은 심장박동을 활발하게 하고, 혈압을 떨어뜨리고, 혈액순환을 원활하게 하고, 산소공급을 증가시킨다. 또한 진통제 역할을 하는 신경 물질을 분비하기도 한다.

- 마음의 여유를 가질 수 있는 방법 중에 멍을 때리거나 하늘을 보는 것이 있다. 특별한 도구가 필요한 것이 아니다. 스스로가 도구이다.

- 멍 때리는 동안에 뇌는 휴식을 통해 새로운 에너지를 얻는다. 불필요한 정보가 삭제되고, 그 공간에는 새로운 기억이 저장된다.

- 멍 때림의 순간이 있기에 심장을 짓누르는 스트레스 속에서도 심장이 터지지 않고, 긴장으로 경직된 몸이 부러지지 않고, 고민으로 가득한 두뇌가 깨지지 않는다.

- 아름다운 하늘이 머리 위에 펼쳐져 있어도 보지 못하고 자신의 눈앞만 바라보는 것이 습관이 되면 세상을 보는 안목도 좁아진다.

- 감사의 마음을 가지려면 연습이 필요하다. 그 방법 중 하나가 일상에서 감사기도를 드리는 것이다.

- 멀리서 찾지 말고 일상의 삶 속에서 감사할 것을 찾아보라. 감사할 것으로 둘러싸인 자신을 발견하게 될 것이다.

- 감사기도는 감사함을 표현함으로써 인생을 아름답게 보이도록 만든다. 감사기도는 부족함을 여유로움으로 바꿔주고, 욕심을 버리게 하는 힘이 있다.

3장	
 오십의 대화가	
행복을 부른다	

하루 10분,
상대의 말을 경청하라

경청이란 기울 경(傾), 들을 청(聽)으로 이루어진 한자어로, 말 그대로 '귀를 기울여 듣는다.'라는 뜻이다.

즉 상대방이 전하려는 말과 행동의 뜻을 알아듣기 위해 마음과 육체의 귀를 활짝 열고 집중해서 듣는 것이다. 또한 상대방의 말을 진심으로 듣고 있다는 것을 눈빛과 행동으로 보여주며 진지한 분위기를 조성하는 것이기도 하다.

당신이 이러한 자세로 대화에 응할 때, 상대는 마음을 열게 된다. 경청만으로 신뢰와 호감을 줄 수 있는 것이다.

경청은 인간관계의 보석과 같은 존재다

경청은 단순히 소리만을 듣는 것이 아니다. 상대방이 전달하려는 말의 뜻을 그 사람의 입장에서 귀담아 듣고, 상대방의 이야기를 마음을 다해 듣고 있다는 것을 알려주는 무언의 신호도 함께 보내는 것이다.

이럴 때 상대방은 자신의 의견이 수용되고 인격적으로 존중받고 있다고 생각해 마음속에 간직했던 말을 풀어놓게 된다. 그 이야기 속에는 그가 해결하길 원하는 문제점이 있고, 그 문제점을 해결할 수 있는 해답까지 있다.

사람의 마음을 치료하는 전문 상담사는 1시간 상담 중에 50분 동안 내담자의 말을 들어주고, 정작 상담사 자신은 10분 정도밖에 말하지 않는다.

바로 처방하지 않고 상대방의 말을 들어줌으로써 그의 생각을 읽을 수 있고 내면의 상처를 볼 수 있기 때문이다. 또한 들어주는 행위 자체만으로도 치료 효과가 있다.

경청은 닫혀 있는 마음의 문을 여는 열쇠와 같다. 그리고 서로의 마음을 막고 있는 장벽을 헐어 대화의 물꼬를 터주고 인간관계를 빛나게 하는 보석과 같은 귀중한 대화 수단이다.

경청을 잘하는 방법

선천적으로 경청을 잘하는 사람도 있지만 대부분의 사람은 자신이 듣고 싶은 말만을 듣고는 경청했다고 생각한다. 그러다 보니 상대방은 자신의 말이 한 마디도 전달되지 않아 시간만 낭비했다고 불평한다.

이는 경청의 의미를 잘 이해하지 못하고 경청의 기술을 배우지 않았기 때문이다.

제대로 된 경청을 하기 위해서는 그 기술을 올바르게 배워야 한다. 다음에 제시하는 것들은 경청의 전문가들이 공통적으로 추천하는 방법이다.

첫째, 아홉 마디 듣고 한 마디 한다. 대화를 하다 보면 많은 사람이 대화를 주도하고 싶어 먼저 말을 하거나 말을 많이 하려고 한다.

그러나 이런 행위는 상대방을 피곤하게 만들 뿐이다. 말을 많이 한다고 해서 대화를 주도할 수 있는 것은 아니다.

진정한 대화의 주도자는 필요한 말 이외에는 가급적 자제한다. 상대의 말에 간섭하거나 중간에 말을 자르려는 마음을 억제하고, 아홉 마디 듣고 한 마디 하는 심정으로 스스로를 다스리며 대화한다. 이런 사람이 대화의 주도자가 되고, 상대방에게 신뢰받을 수 있다.

둘째, 마치 처음 듣는 것처럼 행동한다. 친한 사람들끼리 대화하다 보면 했던 말을 반복하는 사람들이 있다. 주로 무용담이나 자랑거리들이다.

듣는 사람 입장에서는 이미 알고 있는 내용이기에 지겨울 수밖에 없다.

그러나 유념해야 할 것은 말하는 사람 입장에서는 이전의 이야기와는 다른 내용이라고 생각할 수도 있다는 점이다. 전체적인 맥락은 같아도 디테일은 다를 수 있기 때문이다.

상대는 이런 생각으로 말하고 있는데 이미 들은 이야기라며 핀잔을 주면 대화는 바로 단절된다. 그렇기에 상대의 이야기를 이미 들었을지라도 처음 듣는 것처럼 공감해주며 인내해보라.

상대방은 자신의 이야기를 끝까지 경청해준 당신을 진심으로 좋아하게 될 것이다.

셋째, 상대의 눈높이를 인정하라. 회사에서 직원들끼리 대화하는 것을 관찰해보면 아랫사람은 조금이라도 상세하게 설명하려고 한다. 그러나 윗사람은 거두절미하고 결론만 말하라고 재촉한다.

부부간의 대화 모습도 이와 비슷하다. 아내가 이야기를 조금만 길게 해도 남편은 결론이 무엇인지부터 묻는다. 아내는 단순히 남편과 대화하고 싶었던 것인데 남편의 성급한 태도로 인해 대화는 단절되고 아내는 토라진다.

대화할 때는 결론부터 듣고 싶은 마음을 자제하라. 결론을 말하라고 옥박지르지 마라. 자신이 듣고 싶은 말만 들으려고 하지 마라.

그런 마음을 자제하고 상대의 눈높이에 맞춰 듣다 보면 그들의 말 속에서 다양한 메세지를 발견할 수 있다.

넷째, 관심을 가져라. 경청한다면서 듣는 척만 하고 다른 생각을 하고 있는 사람들이 있다. 말하는 상대방은 이런 상황을 금방 눈치챈다. 이런 행동은 오히려 처음부터 듣기를 거부하는 것보다 상대방을 더 화나게 만든다.

만일 대화할 형편이 아니라면 정중히 거절하고, 대화할 때는 자신의 문제처럼 관심을 가지고 그들의 말을 들어라. 그러면 당신은 상대방의 멘토나 상담자의 위치까지 올라갈 수 있다.

다섯째, 듣는 자세를 취하라. 종종 대화하면서 하품을 하거나 주변을 두리번거리며 딴 곳을 쳐다보고 있는 사람들이 있다. 상대방의 말을 진지하게 듣고 있다고 해도 이런 모습은 말하는 사람의 의욕을 꺾는다.

대화할 때는 상대방의 눈을 바라보고 몸을 숙이거나 고개를 끄덕여라. 상대는 당신에게 신뢰감을 느끼게 될 것이다.

대화 속에서 해답을 찾으라

상대가 무슨 말을 하는지 먼저 들어보라. 한 번 말한다고 해답을 찾을 수 있다면 누가 다른 사람에게 말하겠는가. 아홉 번 듣고 한 번 말한다는 생각으로 대화해보라. 그렇게 하면 경청 분야의 박사가 될 수 있다.

경청에 능숙한 사람들은 상대방의 이야기를 들으면서 상대방이 원하는 것이 무엇인지를 생각한다. 또한 생각을 정리할 수 있는 여유가 있어 상대방의 의도를 정확히 추려낸다.

그러나 경청이 미숙한 사람들은 듣고 있으면서도 상대방이 원하는 것을 파악하지 못한다.

경청을 잘하는 사람들은 상대방에게 공감해준다. 상대의 입장을 받아들이지 못한다 해도 그렇게 말하는 이유나 감정을 인정하는 것이다. 그럼 상대는 자신이 이해받고 있다고 생각한다.

경청을 잘하는 사람들은 상대방의 말을 인내하며 들어줌으로써 상대방의 조급한 마음을 누그러뜨린다.

그러나 경청하지 않는 사람들은 상대방의 말이 끝나기도 전에 결론을 재촉해서 상대방의 말할 의지를 꺾어버린다.

경청을 잘하는 사람들은 상대방이 원하는 대답을 상대방의 말 속에서 찾는다.

그러나 경청하지 않는 사람은 자신의 말을 계속 반복해서 상대방을 화나게 한다.

또한 경청을 잘하는 사람들은 상대방의 말을 들으면서 맞장구를 치거나 추임새를 넣고 되짚어 말한다. 상대방의 말을 요약해서 다시 말해주면 경청하고 있다는 메시지를 상대에게 전달할 수 있다.

마음이 급한 사람은 문제는 제대로 읽지 않고 답부터 찾으려 한다. 문제 속에 답이 있는데 그 답을 제대로 보지 않고 자신의 머릿속에서 답을 찾으려 하는 것이다.

경청도 마찬가지다. 상대방이 말하는 문제 속에 그 사람이 원하는 해답이 함께 제시된다. 때로는 말하고 있는 그 자체가 해답일 때도 있다.

특히 마음이 급한 사람일수록 마음을 가다듬고 상대방의 말을 그대로 들어주자. 그럴 때 상대방이 원하는 진짜 답을 찾게 될 것이다. 절대 상대의 말을 듣는 중간에 옳고 그름을 판단하지 말자.

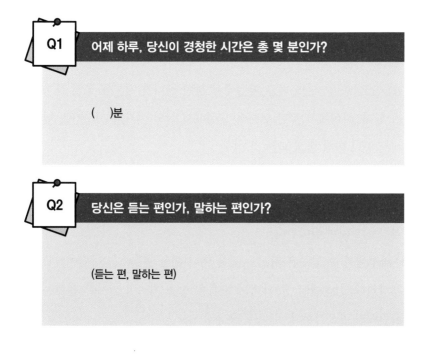

Q1 어제 하루, 당신이 경청한 시간은 총 몇 분인가?

(   )분

Q2 당신은 듣는 편인가, 말하는 편인가?

(듣는 편, 말하는 편)

하루 10분,
배우자와 대화하라

20~30여 년간 서로 다른 환경에서 살던 남녀가 결혼을 통해 부부가 된다. 화성에서 살던 남자와 금성에서 살던 여자가 지구라는 별에서 만나 함께 살게 되는 것이다.

부부지만 서로 문화가 다르고, 생활방식도 다르다. 먹는 것이 다르고, 말씨도 다르다. 이런 사람들이 부부가 되어 한방에서 서로의 살갗을 맞대며 살아간다.

화성에서 온 남편은 자신은 집을 떠나 돈을 벌어오는 사람이라고 생각한다. 금성에서 온 아내는 자신은 집을 지키며 가사를 돌보는 사람이라고 생각한다.

그래서 남편은 돈만 많이 벌어오면 되고, 아내는 살림만 잘하면 된다고 생각한다.

배우자는 다른 별에서 온 사람이다

저녁 늦게 퇴근한 남편은 "밥 먹자." "자자." 단 몇 마디만을 하고는 피곤하다며 잠자리에 든다. 하고 싶은 말이 많은 아내는 남편이 피곤해하는 것을 보고 대화를 다음 날로 미룬다.

이것이 습관이 되어버린 부부는 할 말을 제대로 하지 못하고 평생을 이렇게 살아간다.

그러나 오늘날은 이전의 생활과는 다르게 맞벌이를 해야 한다. 부부가 출근하면서 헤어졌다가 퇴근한 후 집으로 돌아와 재회한다. 당연히 대화할 시간도 급격히 줄어든다.

신혼 때는 사랑 호르몬이 풍성해서 별다른 대화가 필요 없다. 몸짓 하나로 모든 것이 통하기 때문이다. 이때는 사랑만 있으면 대화가 없어도 평생을 재미있게 살아갈 수 있다고 생각한다.

그러나 먹고 살기 위해 동분서주하다 보면 자신들도 모르게 사랑이라는 단어를 서서히 잊어버린다. 때로는 부부끼리 다투기도 한다. 싸운 직후에는 분을 참지 못해 헤어지려는 마음이 생기기도 한다.

싸움과 화해를 반복하며 살아가는 사이, 그런 서로에게 익숙해진다. 그러면서 대화도 자연스럽게 줄어든다. 그러나 부부끼리는 대화하는 시간을 반드시 가져야 한다.

대화시간이 짧은 이유

취업포털 사이트 '커리어'에서 직장인을 대상으로 배우자와의 대화시간이 얼마나 되는지에 대해 조사했다. 응답자의 45.2%가 '10~30분 미만'이라고 대답했다.

인구보건복지협회의 조사에 의하면 우리나라 부부 3쌍 중 1쌍이 하루 평균 1분의 대화도 나누지 않는다고 한다.

부부간의 대화시간이 감소하는 이유는 남자의 경우 '시간부족(47%)', 여자의 경우 '대화방식의 차이(54%)' 때문이라는 신문 기사도 있었다.

이런 차이에도 불구하고 부부간의 대화가 원활한 사람들도 많다. 서로의 다름을 인정하고 대화시간을 마련하려고 노력하기 때문이다. 다음의 방법들을 활용해 부부 사이의 대화를 늘리고 행복한 부부생활을 즐겨보자.

첫째, 남녀가 다르다는 것을 인정하라. 남편은 아내와 이야기하다 보면 짜증이 날 때가 있다. 뭔가 전달하려는 것 같은데 무엇을 이야기 하려는지 감을 잡을 수가 없다.

그래서 이야기의 핵심이 무엇인지 물어보거나 결론부터 말하라고 재촉하기도 한다. 이것은 남녀 사이의 대화방식과 성질이 다르다는 것을 모르기 때문이다.

여자는 대체로 과정부터 설명하려고 한다. 자신이 말하고 싶은 내용을 서론부터 결론까지 순서대로 말하며 대화하는 과정을 통해 만족을 얻으려 한다. 그러나 남자는 거두절미하고 결론부터 알고자 하는 요점 위주의 대화를 좋아한다.

이러한 남녀 간의 차이를 알면 남편은 공감을 받고 싶어 하는 아내를 이해하게 되어 아내의 말을 경청하고, 아내는 결론을 재촉하는 남편의 성급함을 이해하게 될 것이다.

이제 남편은 아내가 하루 중에 일어난 일을 길게 말하더라도 중단하지 말고 경청하도록 하자. 아내는 남편이 과정은 설명하지 않고 결론부터 말하는 것을 불평하지 말고 들어주어라.

둘째, 둘만의 대화시간을 정하라. 부부가 대화할 시간을 내기 어렵다면 학생들이 공부할 시간을 분배하듯이 대화 시간표를 만들어라. 매일 아침 그날의 대화시간을 정하는 방법도 있다.

아침에 정하기로 했는데 정하지 못했으면, 먼저 생각난 사람이 문자로 연락해 대화할 시간을 확정 짓는 방법도 좋다. 가장 좋은 방법은 배우자와 대화할 시간을 우선순위로 놓고 하루의 일정을 짜는 것이다.

셋째, 조용히 대화할 장소를 만들라. 주변의 방해를 받지 않고 대화할 수 있는 곳이라면 어디라도 좋다. 집안이든 커피숍이든 만날 장소를 말하면 대화하자는 신호로 받아들이고 그곳으로 가라. 그러한 시도 자체가 이미 대화를 시작한 것과 다름없다.

넷째, 부부끼리 허심탄회한 사이가 되자. 가능한 한 서로 허심탄회한 사이가 되도록 노력하라. 물론 부부간에도 사생활이 있기에 말할 수 없는 것이 있다. 하지만 되도록 이런 부분을 줄이고 서로에게 보다 솔직해져라.

부부란 오랫동안 함께 생활했기에 상세히 말하지 않아도 알 것이라는 생각은 버려라. 아무리 오랫동안 함께 살았어도 말하지 않으면 모르는 것이 있다.

허심탄회한 사이가 되는 지름길은 먼저 다가가 자신의 마음을 보여주고 시간을 공유하는 것이다. 그럴 때 상대 역시 가슴을 터놓고 나에게 다가온다.

서로 공유할 수 있는 관심사를 찾아라

"고작 10분으로 무슨 이야기를 할 수 있겠어."라며 10분이라는 시간을 대수롭지 않게 생각하는 사람이 있다. 그러나 막상 대화를 하려고 하면 10분이 몇 시간처럼 느껴질 때가 있다.

이것은 비단 부부만의 문제가 아니다. 친구나 동료들 사이에서도 서로 공유할 수 있는 관심사가 없을 때 생기는 문제다.

예를 들어 골프를 하는 친구들끼리 모이면 바로 골프 이야기를 시작하는 것처럼 서로의 관심분야가 같으면 금방 대화가 시작되고 서로의 관심사에 집중한다. 이들은 시간 가는 줄 모르고 서로의 경험을 공유하며 즐거워한다.

그러나 공유할 수 있는 관심사가 없는 사람들이 모이면 그 중에 한 사람이라도 이야기꾼이 있어야 대화가 제대로 이루어진다. 그렇지 않으면 서로의 얼굴만 멀뚱멀뚱 쳐다보며 누가 나서서 말하기를 기다릴 뿐이다.

부부간의 대화도 마찬가지다. 취미나 현재 하고 있는 일이 비슷한 부부라면 공유할 관심사는 수없이 많을 것이다. 서로의 취미나 하고 있는 일에 대해서 대화를 나누고 공유할 관심사를 찾아내 그것에 대해서 대화를 이어나가면 10분이 아니라 몇 시간이라도 대화할 수 있다.

서로 공유할 관심사가 없다고 생각하는 사람은 먼저 자신의 취미와 관심사를 정리해보라. 그리고 배우자의 것도 함께 정리해보라. 그러면 공통의 관심사가 보일 것이다.

만약 이렇게 정리해도 공통의 관심사가 보이지 않는다면 여행, 꿈, 성, 사랑 등 기회가 없어서 혹은 용기가 없어서 말하지 못했던 것을 서로 말해보라.

이것들 중에서 대화하고 싶은 것을 정해 매일 10분간 대화를 시도해보라. 이런 방법으로 대화를 시도해보면 공유할 만한 관심사가 저절로 만들어질 것이다.

공유할 관심사를 정하는 것은 서로의 마음을 털어놓고 상대의 마음을 이해하려는 과정이다. 이러한 상호 이해의 과정을 통해 대화의 품격이 높아지고 더불어 인생살이의 즐거움까지 맛볼 수 있을 것이다.

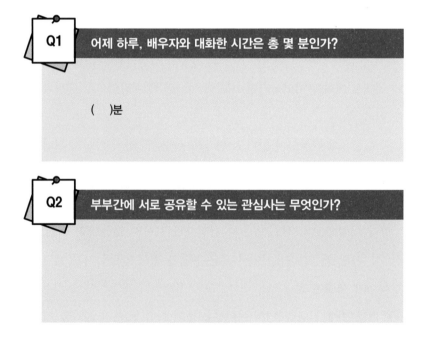

Q1 어제 하루, 배우자와 대화한 시간은 총 몇 분인가?

(　)분

Q2 부부간에 서로 공유할 수 있는 관심사는 무엇인가?

하루 10분,
자녀와 대화하라

당신은 아이가 어릴 때는 무슨 말을 하는지 귀담아 듣는다. 적극적으로 안아주기도 하고 놀이도 함께하며 아이가 좋아하는 것을 알아내어 사주기도 한다. 아이의 일거수일투족에 기뻐하며 아이와 능동적으로 소통한다.

그러면서 아이는 말을 배우고, 당신은 아이가 배운 말을 그대로 하는 것을 보고 대견해한다. 말을 하기 시작하면 아이는 당신에게 원하는 것을 적극적으로 요구하기 시작한다.

아이가 학교에 들어가면 대화보다는 잔소리가 많아진다. 공부해라. TV 그만 보라. 그러면서 아이는 사춘기에 접어들어 혼자 있으려

하고 당신의 말을 듣지 않는다. 대화는 겉돌게 된다.

특히 직장에 나가는 부모는 이른 아침 출근과 늦은 밤 퇴근으로 귀가하면 쉬고 싶은 마음에 아이가 무엇을 하고 있는지, 어떤 상황에 처해 있는지 살펴볼 여유가 없어진다.

이런 바쁜 일상에서 당신은 불쑥불쑥 아이에게 관심을 가지고 싶은 마음이 생긴다. 공통적인 관심사가 있으면 어느 정도 소통이 되겠지만 대체로 없다. 그러면서 아이는 낯선 어른이 되어 있어 화들짝 놀라기도 한다.

부모와 자녀의 시간을 동일한 선상에 맞춰보라

고등학생인 아이는 입시를 준비하느라 얼굴을 보기도 힘들다. 그래도 아이를 불러 모처럼 대화를 시도해보았다. 그런데 이게 웬일인가. 아이는 무뚝뚝하게 예, 아니오 외에는 말이 없다.

더욱 화나게 하는 것은 아내의 반응이었다. 공부를 방해하지 말라고 한다. 화가 치밀어 오르지만 참고 아이에게 물어보았다. 성적은 어떤지, 어떤 대학에 갈 건지, 전공은 선택했는지.

아이는 갑자기 왜 이런 질문을 하냐며 황당한 표정을 짓는다. 곁에서 지켜보고 있던 아내는 벌써 이야기가 끝난 것인데 새삼스럽게 왜 그러냐며 아이에게 방으로 들어가라고 한다.

대학을 졸업한 아이를 보았다. 졸업하면 알아서 취직하고 제 앞길을 닦을 줄 알았는데 그냥 대책 없이 놀고 있는 것 같았다. 그래서 어떻게 할 것인지 물어보았다. 돌아온 대답은 "내가 알아서 할 거니까 간섭하지 마세요."였다.

직장에 다니는 아이를 불러 앉혔다. 수입은 얼마나 되느냐, 사귀는 사람은 있느냐, 자기계발을 하고 있느냐 등을 물어보았다. 마지못해 대답은 하는데 대화가 겉돌고 있었다.

어릴 때부터 꾸준히 자질구레한 대화라도 주고받았다면 이런 상황이 초래되지는 않았을 것이다. 이런 어처구니없는 상황에 빠져들지 않기 위한 간단한 방법이 있다.

첫째, 매일 10분씩 자녀와 의도적으로 대화하는 것이다. 특별한 주제를 정할 필요가 없다. 그냥 하고 싶은 말을 서로 주고받는 것이다.

아이가 대응을 하지 않으면 혼자서라도 말해보면 된다. 안 듣는 것 같지만 가랑비에 옷 젖듯 당신의 생각이 아이에게 스며든다.

둘째, 자녀의 나이와 동일한 시절의 당신은 어땠는지 생각해보는 것이다. 그 시절에 당신의 일상은 어떠했는지, 당신이 원하는 것이 무엇이었고, 고민은 어떤 것이었는지. 그리고 이런 것들과 관련해서 당신의 부모님과 대화를 했는지, 스스로 해결하려 했는지를 생각해보라.

이를 기준으로 자녀의 현실을 들여다보라. 당신의 상황과 아이의 현실에서 동일한 것이 무엇이고, 다른 것이 무엇인지 정리해보라.

그리고 당신 나름의 문제와 해답을 가지고 자녀에게 접근해보라. 당신이 궁금한 것 중에 하나를 선택해서 자녀의 애기를 들어보라. 필시 당신이 경험했던 것과 같은 문제가 있을 것이다.

이때 바로 해답을 제시하기보다 자녀 나름대로 생각한 해답을 먼저 들어보라. 그 해답이 당신의 해답과 같은 것이라면 격려하고 도와주면 된다.

때로는 딱히 문제가 아닌 것도 있을 수 있다. 그렇지만 자녀의 입장에서는 크나큰 고민일 수 있기에 자녀가 현재 처한 상황을 진지하게 들여다보라.

그리고 자녀가 생각하는 해결책도 듣고, 당신의 경험에서 우러나온 해결책도 제시해보라. 의외로 재미있는 대화가 될 수 있다. 멋진 부모가 될 수도 있다.

이제부터는 당신이 자녀의 시선과 동일한 선상에 맞추는 자세로 소통하려고 노력해보라. 당신의 이러한 노력을 느끼게 되는 자녀는 당신을 상대해주지 않거나, 알아서 하겠다는 대답만을 툭 던지지는 않을 것이다.

당신의 마음을 먼저 보여주고 자녀의 마음을 살펴보라

당신은 자녀가 어린아이였을 때는 무의식적으로 무릎을 꿇거나 쪼 그려 앉아서 아이의 눈높이에 맞추었다. 그때 당신의 눈에서는 꿀이 흘러내렸다. 이때는 아이가 말하면 대견해하며 해달라는 것은 모두 다 해주려 했다.

그러다 아이가 학교에 들어가고 키가 점점 커지면서 무릎을 꿇는 일은 사라졌다. 아이의 눈높이에 당신의 눈을 맞추지 않았다. 당신은 아이를 내려다보았다.

이때부터 당신은 아이의 말을 듣기보다 일방적으로 말을 하기 시작했다. "숙제는 했니?" "책을 많이 읽어야 한다." 등 주로 공부에 대한 얘기를 했다. 어조도 명령조로 바뀌었다.

세월이 흘러 어느덧 당신은 50대라는 나이가 되었다. 50대는 사회 경험이 풍부한 나이대다. 지금까지 쌓아온 경험으로 기업을 운영할 수 있는 노하우를 가지고 있고, 리더십도 충분하다. 그러나 한편으로는 가장 불안한 때이기도 하다.

현재의 직장에서 맡은 역할을 그만 두어야 할 전환점이기도 하다. 인생 후반기를 살아갈 길을 찾아야 하는 새로운 과제가 당신에게 주어진다.

이때 당신의 자녀는 대학생이거나 직장인이 되어 있다. 당신과는 20~30년 정도의 나이 차가 날 것이다. 이제는 물리적으로는 눈을 맞출 수 없다. 자녀의 몸집도 감당하기 힘들 만큼 커졌다.

눈높이를 맞춘다는 것은 마음의 높이를 맞추는 것이다. 생각이 흘러나오는 통로를 찾아 마음 깊숙한 곳까지 손을 잡고 함께 가는 것이다. 그곳에서 밖으로 나오려 애쓰고 있는 감정들을 끄집어내어 서로 주고받을 준비를 하는 것이다.

인생 후반기를 준비해야 하는 다급한 입장에 선 당신에게 성인이 된 자녀와의 대화는 또 다른 부담이 될지도 모른다. 그렇지만 당신이 먼저 용기를 내어 당신의 마음을 자녀에게 말해보라.

인생 전반기를 출발하는 당신의 자녀도 그 나이대의 당신과 비슷한 과제를 가지고 누군가에게 조언을 구하려 고민하고 있을지도 모르는 일이다.

이럴 때 당신이 용기 내어 말하면 어두웠던 마음의 통로에 한 줄기 빛이 되어 대화의 물꼬가 트이고 새로운 관계가 만들어질 수 있다.

그러나 이런 물꼬를 찾았다 하더라도 자녀의 마음을 살펴볼 때 주의해야 할 것이 있다. 자녀의 자존심을 건드리는 말은 절대로 하지 마라. 무의식적으로 나오려 한다면 그냥 침묵하라.

또한 자녀의 말을 무시하지 마라. 역으로 자녀에게 무시당할 수 있다. 조언은 간단명료하게 하라. 길게 하는 조언은 듣기 싫은 잔소리가 된다.

가능한 한 자녀가 말의 주도자가 되게 하라. 그래야 자녀의 마음을 충분히 살펴볼 수 있다. 무엇보다 당신과 자녀의 세대가 다르다는 것을 절대로 잊지 말아야 한다.

당신이 적극적으로 대화에 임하려고 하면, 자녀 역시 마음을 열 것이다. 지금도 늦지 않았다. 자녀에게 관심을 기울여보자.

상황에 따라 적절한 대화를 하라

하루 10분씩 자녀와 대화하기로 작정하였다면 대화를 시작할 때는 가급적 당신의 기분이나 컨디션이 좋은 시간을 택해서 하라. 마찬가지로 자녀의 상태도 살펴보는 것이 대화를 건강하게 마무리 할 수 있는 방법이다.

짜증나는 일이 있거나 고민이 많을 때 대화를 하면 무의식적으로 부정적인 기분들이 묻어나와 대화가 예민해지기 마련이기 때문이다.

만약 매일 10분씩 대화를 하려고 해도 이야깃거리가 없다고 생각한다면 한 가지 방법을 정하면 된다. 매주 대화의 주제를 정하는 것이다.

첫째 주는 정치, 둘째 주는 경제, 셋째 주는 드라마 이야기 등 주제를 정해서 숙제하듯이 대화를 하면 된다.

그러나 생활 패턴이 다르다면 매일 정해진 시간마다 대화를 하는 게 서로에게 부담이 될 수 있다. 이럴 때는 우연히 마주쳤을 때 간단하게 대화를 나누면 된다.

날씨 이야기, 음식 이야기, 하루 중 일어났던 일 등 생각난 것을 툭 던지며 얘기하는 것이다. 아침에 일어나면서 "잘 잤어?" "네, 푹 잤어요." 이런 대화를 하면서 미소를 지어보자.

무엇보다 대화를 할 때는 그 대화에 집중하는 자세가 필요하다. 그렇지만 집중 자체에 집착하는 것은 삼가야 한다.

대화 중에 자녀가 주변을 둘러보거나 핸드폰을 자주 본다고 질책하지 말고 그냥 말을 이어가라. 안 듣는 것 같아도 다 듣고 있다.

다만 당신은 이런 행동을 자녀에게 보이지 마라. 당신이 먼저 경청하는 자세를 보이면 자녀도 대화에만 집중하게 될 것이다.

대화를 하면서 기계적인 제스처를 하지 마라. 진정한 공감인지 기계적인 공감인지 상대는 금방 눈치 챈다.

공감은 하더라도 가끔은 질문을 하라. 질문을 하면 자녀는 자신의 말에 관심을 가지고 있다고 느끼게 될 것이다. 그러나 너무 많은 질문은 삼가는 것이 좋다.

자녀의 말에 선입견을 가지고 대하지 마라. 선입견을 가지고 대화를 하다보면 자녀의 말이 다 틀린 것 같고 변명으로 들릴 뿐이다. 선입견을 버리지 못할 것 같으면 반대로 생각하며 대화해보라.

변명이라 생각되는 말을 자녀가 곤란한 상황을 벗어나려고 하는 것이라 생각하며 그냥 들어주어라. 자녀는 당신이 속았다고 생각하지 않는다. 그냥 넘어가준다는 것을 알고 미안해한다. 단 이런 상황이 잦으면 그때는 속지 않을 것이라는 것을 알려라.

가끔은 다른 가족들 간의 대화를 엿들어라. 아버지에게는 얘기하지 못하는 것을 어머니와는 얘기할 때가 있다. 또는 어머니와는 대화하지 않고 아버지와 대화를 하는 경우가 있다.

우연히 듣게 되었을 때는 그냥 들어보라. 자녀에게 당신이 모르는 고민이나 일상이 있을 수 있다. 이런 것은 나중에 대화할 때 참고가 된다.

대화를 할 때는 비평이나 비난을 삼가는 것이 좋다. 그렇다고 모든 대화를 공감으로만 이어갈 수는 없으므로 가끔은 비평을 해보는 것도 괜찮다.

대화가 토론이 되고 싸움으로 이어질 수는 있지만 마무리를 잘하면 된다. 가족이지만 정치나 종교 등에서는 서로의 생각이 다를 수 있다. 비평은 하되, 들어주고 인정해주면 훈훈하게 마무리 할 수 있다.

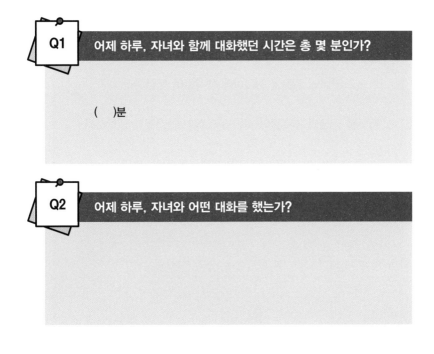

Q1 어제 하루, 자녀와 함께 대화했던 시간은 총 몇 분인가?

(　　)분

Q2 어제 하루, 자녀와 어떤 대화를 했는가?

자녀와 10분간 대화할 때 유념할 것

1. 자녀의 말투에 꼬투리를 잡지 마라.

2. 피곤할 때는 가급적 대화를 미루어라.

3. 정성을 다해서 자녀와 함께 대화에 빠져들어라.

4. 자녀와 몸으로 부딪히며 유대감을 가져라.

5. 가끔은 자녀와 함께 밖으로 나가 걸으면서 대화하라.

6. 자녀에게 분위기를 망치는 설교를 하지 마라.

7. 자녀의 질문을 진지하게 생각하며 대답하라.

8. 자녀를 당신의 부속물이 아닌 독립적인 인격체로 생각하라.

9. 자녀의 언행이 남다르면 개성이라고 생각하라.

10. 성인이 된 자녀는 성인으로 대우하라.

하루 10분,
부모님께 안부를 전하라

부모를 공경하면 수명이 늘어난다는 말이 있다.

왜 그럴까? 그 이유는 부모를 공경하는 사람은 부모님의 걱정거리를 만들지 않기 위해 몸가짐을 바르게 하고, 건강을 해치는 행위를 하지 않기 때문이다. 이것은 바로 장수 비결이 되기도 한다.

효도를 무슨 특별한 이벤트처럼 생각하지 마라. 당신이 매일을 살아가는 일상 속에서 한 가정의 가장으로서, 직장의 일원으로서 맡은 책임을 다하면 된다. 당신의 부모님은 그것만으로 충분히 기뻐하신다.

부모를 공경하라

50대인 당신에게는 연로하신 부모가 있고 성년의 자식들이 있을 것이다. 위로는 부모님의 안위를 살펴야하고 아래로는 자녀들의 뒷바라지를 해야 한다는 뜻이다. 당신 부모와 자식 사이의 샌드위치와 같은 신세이다.

샌드위치는 빵 사이에 들어가는 재료가 무엇인가에 따라 명칭이 결정되고 맛도 달라진다. 소불고기가 들어가면 소불고기 샌드위치가 되고 치즈가 들어가면 치즈 샌드위치가 된다. 마찬가지로 샌드위치의 속재료가 되는 당신이 부모를 어떻게 대하느냐에 따라 가풍이 만들어진다.

당신이 부모님께 자주 안부를 전하는 모습을 보인다면 당신의 자녀들도 그것을 따라하게 될 것이다. 자녀가 집을 떠나 유학을 가거나 일 때문에 다른 지역에서 살고 있다면 당신의 모습을 보아왔던 자녀가 수시로 당신에게 자신들의 안부를 전할 것이다.

부모를 공경하는 사람은 사회생활에서도 그 마음이 드러난다. 직장생활을 하는 사람은 선배들의 모습에서 부모를 연상하며 선배를 존경하는 후배가 되고, 후배들을 보면서 자녀를 떠올리며 그들을 사랑으로 품는 듬직한 선배가 될 것이다.

장사를 하는 사람이라면 부모님께 드리는 마음으로, 자녀들에게 베푸는 자세로 최상의 상품을 준비하는 양심적인 상인이 될 것이다.

이처럼 부모를 공경하는 사람은 사회생활 속 모든 관계에서 후회 없는 시간을 보내기 위해 노력한다. 걱정거리를 만들어 드리지 않기 위해서 열심히 일한다. 부모님을 안심시키기 위해 하루하루를 헛되이 보내지 않는다. 이런 행동들이 부모님이 건강하게 장수할 수 있도록 하는 비결이 된다.

부모님의 일상을 아프게 하고 슬프게 할 이유가 어디 있는가. 어차피 일상적인 시간을 보내야만 하는 것이라면, 부모님께서 즐거운 마음과 건강한 몸으로 남은 인생을 살아가도록 도와주는 것이 자식의 도리 아니겠는가.

"부모를 공경하라.""부모를 기쁘게 하라." 이것은 하늘의 법칙이자 인간사 보편적인 법칙이다. 이것이 부모와 자식의 장수비결이라고 한다. 부모를 공경하면 함께 장수할 수 있다니 얼마나 좋은 일인가.

효도의 때를 놓치지 마라

"어버이 살아계실 적 섬기기를 다하여라. 한번 가신 뒤에 애달프다. 어이하리. 생전에 고쳐 못할 일은 이뿐인가 하노라." 조선시대 송강 정철의 시조다.

"나무는 가만히 있고자 하나 바람이 그치지 않고, 자식은 효를 다

하고자 하나 부모는 기다려주지 않는다." 중국 한시 외전에 있는 시의 한 구절이다.

두 시 모두 때를 놓치지 말고 바로 지금 살아계신 부모님께 효도하라는 내용을 담고 있다.

"돌아가신 뒤에 통곡하고 아무리 후회해도 소용이 없다."라는 말은 부모 속을 많이 썩인 자식들이 자신은 못했지만, 당신은 잘 하라고 충고해주는 말이다.

장례식장에 가보면 "어머니, 제가 잘못했어요."라며 통곡하는 사람들이 많다. 평소에는 부모님과 무심히 지내다가 부모님이 돌아가신 후에야 뒤늦게 효심이 되살아난 것이다.

그때의 심정이라면 아버지를 위해 모든 것을 희생한 효녀 '심청이' 못지않게 효도에 힘을 쏟을 수 있을 것 같다. 그러면서도 얼마 지나지 않아 이런 생각들을 까맣게 잊어버리게 되는 것을 어찌하랴.

부모님이 돌아가신 뒤에는 안부를 물을 방법이 없다. 할 수 있는 것이라고는 보이지 않는 대상을 향해 후회의 눈물을 흘리는 것뿐이다.

효도는 이벤트가 아니라 습관처럼 해야 한다. 어려서 철이 없지만 나중에 나이를 더 먹으면 해야지, 돈이 없지만 나중에 형편이 좋아지면 해야지, 다른 일로 정신이 없지만 일만 잘 풀려 여유가 생기면 해야지 하는 마음으로 자꾸 미루면 안된다.

정작 그 나이가 되고, 형편이 나아지고, 여유가 생겨도 습관으로 굳어지지 않아 여전히 효도를 할 수 없다.

부모님을 잊은 채 바쁘게 산다 해도 성공이 보장되는 게 아니고, 바쁜 와중에 잠깐 시간을 내어 부모님과 통화하며 시간을 보내더라도 하루의 일은 제대로 굴러간다.

부모님께서 살아계시는 지금 이 시간에 잘하라. 내일부터 잘하겠다는 생각은 하지 마라. 앞으로 주어진 시간은 짧아질 것이고, 그만큼 부모님과 함께할 수 있는 날도 줄어들 것이다.

오늘 살아계신 부모님이 내일도 살아계신다는 보장은 없다. 그러므로 효도는 바로 지금 해야 한다. 효도의 최적기를 놓치고 마음 아파하며 후회하지 말자.

매 순간을 부모님과 함께하는 시간이 다시 오지 않을 것이라 생각하며 부모님의 마음을 살피자.

부모님은 이야기해주기를 기다린다

어린아이가 집 밖에서 놀다가 들어와 엄마의 얼굴을 바라보며 그동안 일어났던 일에 대해 재잘거리면, 엄마는 평소에 아이가 자신을 힘들게 했어도 부정적인 감정은 잊어버리고 행복을 느낀다.

성인이 된 자녀와 부모 사이에도 이와 같은 모습이 만들어져야 한다. 부모 앞에서는 자신의 나이를 잊고 어린아이가 되어보라. 어린아이 때 했던 것처럼 사소한 일이라도 이야기하며 대화의 상대가 되어보라.

어린 시절 부모님이 훈계할 때 머리를 조아리고 들었던 것처럼 그때의 모습 그대로 부모님의 말씀을 듣는 것도 좋다. 당신이 어릴 때 부모님이 똑같은 이야기를 수백 번 하셨던 걸 기억하는가?

그때 당신은 처음 몇 번은 말대꾸를 했을지도 모른다. 그러다 부모님의 말씀이 반박할 수 없는 내용이라는 것을 깨닫고는 묵묵히 듣고만 있었을 것이다.

그러나 지금 당신은 50대라는 시기에 접어들었다. 부모님의 훈계를 듣고 있을 나이가 아니다. 그리고 부모님이 당신에게 했던 말씀이 무엇 때문인지도 알고 있다.

그래도 부모님이 이야기를 하면 묵묵히 들어라. 수백 번 들었던 말씀이라도 처음 듣는 것처럼 반응하라. 부모님은 당신이 처음 듣는 시늉을 한다는 사실을 알고 있으면서도 은근히 좋아하실 것이다.

"엄마, 나 100점 맞았어." "아빠, 나 성적 올랐어."라고 자랑하는 어린아이의 말을 들으면 당신은 자식이 사랑스럽고 대견했을 것이다. 그러나 성인이 되면 부모님에게 말씀드릴 자랑거리가 없다며 이야기하지 않게 된다.

하지만 특별히 거창한 자랑거리를 찾을 필요는 없다. 길거리를 가다가 보았던 광경을 말해도 좋다. 걸인이 있어 지나치지 않고 적선했던 일도 좋다. 일상에서 일어난 소소한 것을 말하는 걸로 충분하다.

지금 부모인 당신은 자녀들의 자랑거리 자체보다 당신에게 이야기하는 자녀의 모습을 보는 것을 좋아하지 않는가. 당신의 부모님도 마찬가지이다. 자랑거리를 발견하지 못한다면 하루 동안 일어난 일을 말해도 좋다.

이 세상에서 부모만큼 자녀의 소식을 궁금해하는 사람은 없다. 더욱이 연로하신 부모님은 자녀들이 다가와 먼저 이야기해주기를 기다리고 있다는 것을 명심하라.

내리사랑이 자연스러운 이유

『명심보감』에서는 "어버이의 사랑은 십분 가득하나 그대는 그 은혜를 생각하지 않고, 자식이 조금이라도 효도함이 있으면 그대는 곧 그 이름을 자랑하려 한다. 어버이를 모시는 것은 어두우면서도 자식 대하는 것은 밝으니 어버이가 자식 기른 마음을 누가 알 것인가. 그대에게 권하노니 부질없이 자식들의 효도를 믿지 마라. 자식들이 어버이 사랑하기는 그대에게 달렸다."라고 했다.

부모와 자식 간의 사랑은 '내리사랑'과 '치사랑'이 있다. 내리사랑은 부모님이 자식을 사랑하는 것이고, 치사랑은 자식이 부모를 사랑하는 것을 말한다. 보통 내리사랑은 자연스럽게 이루어지지만 치사랑은 그렇지 않다.

내리사랑이 자연스러운 이유는 부모의 자식에 대한 사랑은 흐르는 물과 같이 위에서 아래로 내려오는 자연적인 현상이기 때문이다. 반면 물결을 거슬러 올라가야 하는 치사랑은 어렵다.

부모는 자식이 아프면 자신이 아픈 것보다 더 아파한다. 그리고 자식을 낫게 해달라고, 그 아픔을 자신이 대신하겠다고 하늘에 기도한다.

가끔 뉴스에서 자식이 저지른 범행을 자신이 했다며 거짓으로 증언하는 사람들을 보게 된다. 부모는 자식이 벌 받는 것이 자신이 벌받는 것보다 더 아프게 느껴지기 때문에 이러는 것이다.

옛날에는 70세가 넘은 노부모를 산에다 버리는 고려장이라는 풍습이 있었다.

어느 마을에서 한 아들이 70세가 된 노모를 고려장시키기 위해서 지게에 지고 산으로 올라갔다. 그런데 노모가 가는 길 내내 나뭇가지를 계속 꺾어 땅에 떨어뜨리자 이를 이상하게 여긴 아들이 노모에게 그 이유를 물었다.

그러자 노모가 대답했다. "네가 집으로 돌아갈 때 길을 잃을까 두려워서 그랬단다." 이 말을 들은 아들은 바로 그 자리에서 발길을 돌려 노모와 함께 집으로 돌아왔다고 한다.

노모는 아들이 고려장을 지키지 않아 벌 받기를 바라지 않았다. 자신을 버리러 가는 아들을 원망하지도 않았다. 오히려 아들이 돌아갈 길을 잃을까 걱정했다.

만약 자녀가 병으로 몸을 가누지 못할 때 갖다버려야 한다는 법이 있다면 그 부모는 어떻게 했을까? 과연 그 법을 지켰을까?

부모는 아마도 자녀의 병을 숨기거나 자녀를 살리기 위해 백방으로 노력하며 치료책을 강구했을 것이다. 누군가가 법을 집행하려고 한다면 통곡하며 자녀 대신 자신을 데려가라고 간청했을 것이다.

이런 부모님의 내리사랑을 생각하며 1/10만이라도 치사랑을 해 보라. 당신의 자녀가 당신이 부모님께 어떻게 하고 있는지 보고 있다. 당신이 행하는 그대로 당신의 자녀가 당신에게 행할 것이다. 당신도 얼마 되지 않아 지금 당신 부모님의 나이가 된다는 것을 명심하라.

지금 바로 부모님께 안부를 전하라

옛날 사람들은 부모님과 한집에 살면서 일어날 때와 잠자리에 들 때 문안 인사를 드렸다. 외출을 할 때나 귀가를 하고나서도 부모님께 상세히 말씀드렸다.

지금도 옛날 사람들처럼 한집에 살고 있는 사람들이 있기는 하지만 대부분 부모와 떨어져 살고 있다. 또한 한집에 함께 살고 있는 사람이라도 별이 떠있는 새벽에 출근하고 늦은 시간에 퇴근해 옛날처럼 안부 인사를 전하지 못한다.

같은 집에 살고 있으면서도 안부를 묻는 시간을 마련하지 못하는 사람이라면, 앞으로는 하루 10분을 부모님과 대화하는 시간으로 정해보자. 아니면 옛날 사람들이 집을 출입하면서 안부를 전했던 방식을 활용해보자.

전화나 인터넷이 없었던 시절의 사람들은 인편으로 편지를 보내거나 안부를 전했다. 시집간 딸은 출가외인으로서 평생 고향 땅을 밟아보지 못하기도 했다. 이럴 때 한 통의 안부 편지는 편지지가 헤질 때까지 읽고 또 읽을 만큼 귀중했다.

그러나 요즘은 누구나 휴대전화를 가지고 있다. 언제 어디서라도 통화가 가능해 부모님께 안부를 전하는 일이 훨씬 간편해졌다. 이런 환경임에도 불구하고 시간이 없어서 안부를 전하지 못한다고 말하는 것은 핑계일 뿐이다.

전화를 할 수 없을 때는 이메일, 문자 등 다양한 수단이 있다. 서로의 얼굴을 보고 대화하고 싶다면 영상통화를 이용하면 된다. 부모와 자녀가 함께 정보를 공유하는 그룹채팅을 하는 방법도 있다. SNS에 글이나 사진을 올려 서로의 안부를 전할 수도 있다.

부모님께 하루 10분 동안 안부를 전하는 것을 의무로 생각해보라. 매일 꼭 해야 할 과제라고 생각해보라. 직접 대면하기 어렵다면 전화나 채팅, 문자 등 지금 당장 활용할 수 있는 도구를 사용해서 바로 소식을 전해보라.

또한 자식들은 부모님의 생년월일과 나이, 부모님의 취미, 부모님이 현재 좋아하는 것, 부모님께 필요한 용돈, 부모님의 건강 상태를 상세히 알고 있어야 한다.

명심하라, 이 시간에도 부모님은 당신의 소식을 기다리고 있다는 것을. 감사하라, 지금 부모님이 살아계셔서 안부를 전할 수 있다는 것에. 전해보라, 하루 10분간 부모님께 안부를. 부모님은 그 10분만 으로도 하루 종일 행복하실 것이다.

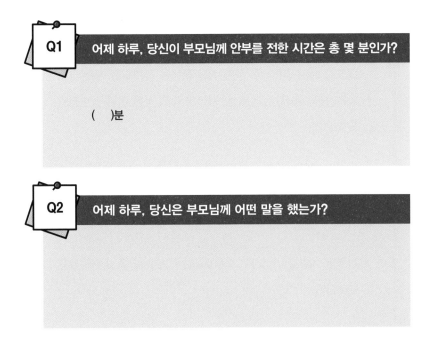

Q1 어제 하루, 당신이 부모님께 안부를 전한 시간은 총 몇 분인가?

( )분

Q2 어제 하루, 당신은 부모님께 어떤 말을 했는가?

3장. 오십의 대화가 행복을 부른다

- 경청은 닫혀 있는 마음의 문을 여는 열쇠와 같다. 대화의 물꼬를 터주고 인간관계를 빛나게 하는 보석과 같은 귀중한 대화 수단이기도 하다.

- 진정한 대화의 주도자는 필요한 말 이외에는 자제한다. 아홉 마디 듣고 한 마디 하는 심정으로 스스로를 다스리자.

- 대화할 때는 상대방의 눈을 바라보고 몸을 숙이거나 고개를 끄덕여라. 상대는 당신에게 신뢰감을 느끼게 될 것이다.

- 대화할 때는 결론부터 듣고 싶은 마음을 자제하라. 결론부터 말하라며 윽박지르지 말고, 자신이 듣고 싶은 말만 들으려고 하지 마라.

- 마음이 급한 사람일수록 마음을 가다듬고 상대방의 말을 그대로 들어주자. 그럴 때 상대방이 원하는 진짜 답을 찾게 될 것이다.

- 서로의 다름을 인정하고 부부 사이의 대화시간을 마련하려고 노력하라.

- 부부끼리 허심탄회한 사이가 되는 지름길은 먼저 다가가 자신의 마음을 보여주고 시간을 공유하는 것이다.

- 자녀와 하루 10분 대화하기로 작정했다면 그 시간만큼은 자녀의 시선에서 생각하라.

- 자녀의 말에 선입견을 가지고 대하지 마라. 선입견을 가지고 대화를 하다보면 자녀의 말이 다 틀린 것 같고 변명으로 들릴 뿐이다.

- 부모님이 살아계시는 지금 이 시간에 잘 하라. 내일부터 잘 하겠다는 생각은 하지 마라.

- 부모 앞에서는 자신의 나이를 잊고 어린아이가 되어보라. 아이 때 했던 것처럼 작은 일이라도 이야기하라.

- 당신의 자녀가 당신이 부모님께 어떻게 하고 있는지 보고 있다. 당신이 행하는 그대로 당신의 자녀가 당신에게 행할 것이다.

- 부모님께 하루 10분 동안 안부를 전하는 것을 의무로 생각해보라. 매일 꼭 해야 할 과제라고 생각해보라.

4장	
 오십의 집중이	
소중한 꿈을 이루게 한다	

하루 10분,
유혹을 참아보라

눈을 감고 귀를 기울이면 온갖 소리들이 들려온다. 아이들의 웃음소리, 갈대 스치는 소리, 바람의 속삭임, 자동차 엔진소리, 숨소리 등 눈을 뜨고 있을 때는 들리지 않았던 소리들이 무작위로 들려온다.

그러나 바람의 소리만 듣겠다는 마음을 먹으면 다양한 바람소리만이 들린다. 외부 소리를 차단한 채 스스로에게 집중하면 내 숨소리만이 들린다. 나라는 사람을 내가 마음먹은 대로 다스릴 수 있는 것이다.

보이는 것은 선택의 결과다

맑은 날 밤하늘을 쳐다보면 밝은 달이 보인다. 달을 집중적으로 보고 있으면 표면의 굴곡까지 보이는 듯하다. 달에서 주변 하늘로 시선을 옮기면 평소에 보지 못했던 별들이 하나둘 보이기 시작한다.

금연을 시작하면 담배만 보인다. 길거리에 떨어져 있는 꽁초들이 눈에 밟히고, 옆 사람의 손가락에 꽂힌 담배에 자꾸 눈길이 간다. 전에는 보이지 않던 흡연실이 쉽게 눈에 띄고, 이전에는 몰랐던 담배 연기의 구수함이 흡연하고 싶은 욕구를 불러일으킨다.

다이어트를 하겠다고 결심하면 전보다 더 자주 배가 고픈 것처럼 느껴진다. 음식만 보면 저절로 군침이 돌고, 눈을 뜨고 있을 때나 감고 있을 때나 눈앞에 계속 음식이 아른거린다.

자신의 몸과 마음이 관심을 쏟은 것에 시선이 가기 때문이다. 이때 평소에는 보이지 않았던 것들이 보인다. 눈에 들어오기에 자꾸만 생각이 나고, 갈구하게 된다.

우리의 몸과 마음이 유혹에 넘어가는 이유는 자신을 유혹하는 것에 계속 관심을 쏟고 결국 그것에 굴복하기 때문이다.

스스로는 유혹에 당당히 맞서고자 노력했다고 생각해도 결과적으로 유혹에 넘어갔다면, 유혹을 뿌리치지 못하고 굴복하고 만 것이다.

포기라는 내면의 적을 조심하라

우리의 몸과 마음에는 유혹의 공세에 적극적으로 동조하는 세력이 살고 있다. 평소에는 숨죽여 살면서 조금이라도 빈틈이 보이면 언제라도 뛰쳐나와 유혹의 구렁텅이로 몰아넣을 준비를 하고 있는 내면의 적으로, 바로 내 편 같은 듯 내 편이 아닌 '포기'다.

계획된 것을 끝까지 밀어붙이면 충분히 결실을 얻을 수 있는데도 포기라는 내면의 적이 지금까지의 노력을 수포로 돌리며 그만두게 만든다. 이럴 때 포기는 "원래 불가능한 일이었다." "이만큼 한 것도 잘한 것이다." "사서 고생할 필요가 없다." "그만두면 몸과 마음이 편안해질 것이다." 등 그럴듯한 핑계를 제공하며 사람의 마음을 안심시키려 한다.

의지가 약하거나 건강이 좋지 못한 사람일수록 이런 달콤한 꼬임에 넘어가게 된다. 아무리 순조로운 일이라도 조그만 틈이 생기면 포기라는 내면의 적이 틈새를 비집고 나와 사람의 마음을 어김없이 흔들어 놓는다.

일반적으로 우리는 내면의 적보다 외부 경쟁자와의 싸움에 심혈을 기울인다. 그러나 그 승패는 자기 자신, 즉 내면의 적이 좌우한다. 그렇기에 어떤 일이든지 내면의 적인 포기라는 유혹을 물리치지 못한다면 아무리 그 시작이 창대해도 아무것도 건질 수 없는 공허한 결과만 만들 뿐이다.

인내라는 우군을 잡아라

외국인들이 우리나라에 와서 가장 먼저 배우는 말이 '빨리빨리'라고 한다. 외국에 설립된 우리나라의 공장에 근무하고 있는 직원들도 마찬가지로 '빨리빨리'라는 말을 가장 먼저 듣는다고 한다.

'빨리빨리'에 익숙한 우리나라 사람들은 이상할 것이 없지만 이 언어습관을 처음 접하는 외국인들은 우리나라 사람들의 조급함에 힘겨워하기도 한다.

그렇다고 '빨리빨리'가 부정적인 것만은 아니다. 이러한 우리나라 고유의 '빨리빨리' 문화는 급격한 경제성장의 원동력이 되기도 했으며, 세계 최고 수준의 인터넷 강국이 되는 데 기여했기 때문이다.

문제는 조급증이다. 우리는 성공이 인내와 그동안 흘린 땀의 결과라는 것을 깨달아 목표를 이룰 때까지 인내하며 꾸준히 노력하는 자세를 가져야 한다.

몸과 마음을 유혹하는 것들에 맞서 10분 동안 참는 것은 상처에 바르는 소독약과 같다. 처음에는 눈물이 날 만큼 쓰라리지만 상처가 덧나지 않게 보호해 상처를 낫게 해주기 때문이다.

자신에게 "이제 됐어." "그만 둬."라는 유혹의 속삼임에 넘어가려는 기색이 보이면 "10분의 인내는 쓰나 그 열매는 달다."라는 말을 속삭이며 인내해보라.

당신의 마음속에서 당신의 부름을 기다리고 있던 인내라는 우군이 당신을 잡아줄 것이다.

여기서 명심해야 할 것이 있다. 내면의 포기라는 유혹에 대항할수록 유혹에 강한 사람이 된다는 점이다. 왜냐하면 그 유혹들에 대항하려는 노력은 점점 그것을 물리치거나 조절하는 능력이 되기 때문이다.

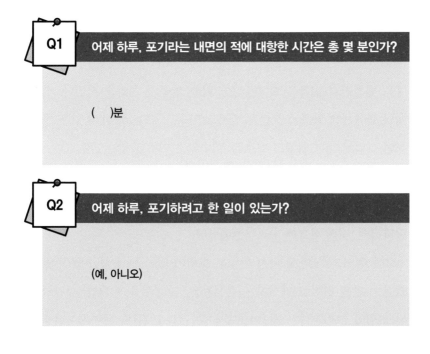

Q1 어제 하루, 포기라는 내면의 적에 대항한 시간은 총 몇 분인가?

(   )분

Q2 어제 하루, 포기하려고 한 일이 있는가?

(예, 아니오)

일을 시작하기 전에
10분간 그림을 그려라

나는 변화관리 교육을 할 때 항상 퍼즐 맞추기 게임을 시킨다. 몇 개의 팀에게는 완성된 그림을 먼저 보여주고, 다른 몇 개의 팀은 완성된 그림에 대한 일체의 정보를 주지 않고 퍼즐을 맞추도록 한다.

어느 정도 시간이 지나면 완성된 그림을 가지고 있던 팀부터 끝났다며 환호한다. 이때 완성된 그림 없이 퍼즐을 맞추고 있던 팀은 빨리 맞춘 팀의 환호에 어리둥절해한다.

모든 팀이 다 맞추고 나서 완성된 그림이 있는 팀과 없는 팀이 있었다는 말을 하면 그때서야 수강생들은 그 상황을 이해한다. 완성된 그림을 그려본다는 것은 가보지 않은 길을 갈 때 내비게이션에 목표지점을 입력하고, 모의주행을 해보는 것과 같다.

모의주행을 해보면 출발지점에서 목적지로 향하는 전 과정을 머릿속에 그릴 수 있어 목적지를 향해 제대로 갈 수 있다.

그러나 이런 과정 없이 무작정 목적지로 향한다면 엉뚱한 길로 가거나 사람들에게 물으며 가야 하는 어려움을 겪게 되어 도착시간이 늦어진다.

완성된 그림의 유무가 속도를 결정한다

시작하기 전에 잠시라도 내면에서 완성된 그림을 그려보지 않은 사람은 어떤 일을 하더라도 다른 사람의 지시나 간섭이 있어야 행동한다. 이런 사람은 능동적으로 일하지 못한다. 누군가의 지시가 있어야 움직이는 수동적인 사람이 된다.

미국의 시인 헨리 워즈워스 롱펠로는 "세상의 넓은 싸움터에서, 인생의 노영 안에서 말 못하고 쫓기는 짐승이 되지 말고 싸움에서 이기는 영웅이 되라."라고 했다.

수동적인 사람이 아닌 능동적인 사람이 되기를 원한다면 당신이 당당하게 그릴 수 있는 그림, 스스로 찾아갈 수 있는 곳의 그림을 그리자.

일상에서 꾀하는 일들을 제대로 하고 싶다면 일을 하기 전 10분간 완성된 그림을 그려보는 습관을 가지자. 자신만의 '마인드 맵'을 그려보는 것이다. 이런 습관을 가지게 되면 제시간에 제대로 일을 할 수 있는 능력자가 될 수 있다.

완벽한 그림이 아니어도 좋다

계획에는 이미 알고 있는 것을 실수하지 않기 위해 세우는 것이 있고, 모르는 것을 하기 위해 세우는 것이 있다.

알고 있는 길을 벗어나지 않고 제시간에 도착하는 것이 목표인 여행이 있고, 가보지 못한 길이지만 이렇게 가면 될 것이라는 기대감으로 떠나는 여행도 있다.

일을 하기 전에 그림을 미리 그려보라는 것은 해봤던 일이든 처음 접하는 일이든 마치 해본 것처럼 생각하라는 뜻이다.

계획을 세우고 실행하다 보면 100% 계획대로 실현되는 일이 드물다. 예상하지 못했던 장애물이 나타나기도 하고, 계획 당시에 있었던 일이 상황이 변함에 따라 없어질 수도 있다.

그래도 계획을 세우는 이유는 이런 돌발 상황에 직면했을 때 당황하지 않고 대처하기 위해서다.

화가는 그림을 그리기 위해 먼저 마음으로 정한 대상을 종이에 스케치한다. 그다음에 스케치한 그림을 기초로 그림을 완성해나간다.

일을 계획할 때도 마찬가지다. 화가가 그려야 할 대상을 정하고 어떻게 그릴 것인지 생각하듯이 몇 가지 기초적인 것을 생각하고 있으면 계획 세우기가 쉬워진다. 일을 시작하기 전에 다음의 2가지를 명심하자.

첫째, 목표를 확실히 정하라. 목표에는 양적인 목표와 질적인 목표가 있다. 이 2가지를 마음속으로 그려보는 것이다.

양적인 목표는 '며칠까지 얼마만큼의 양을 만들겠다.'와 같이 눈에 보이는 목표다. 질적인 목표는 '만들어진 목표물로 그것을 만든 자신과 받아들이는 사람을 모두 만족시키고 싶다.'처럼 눈에 보이지는 않지만 마음을 움직이는 목표다.

이 두 가지를 먼저 정해놓으면 그다음으로 이것을 실행해야 하는 방법들이 뒤따라오기 마련이다.

둘째, 가장 잘할 수 있는 방법을 선택하라. 목표를 달성하는 방법에는 여러 가지가 있다. 그 방법들 중에서 가능한 한 자신이 '가장 잘할 수 있는 방법'을 선택하라. 그래야 시행착오를 덜 겪을 수 있다.

일을 시작하기 전에 '목표'와 '가장 잘할 수 있는 방법'을 기초로 해 목표를 이루어나가는 그림을 마음속으로 그려보라.

비록 완벽한 그림은 아닐지라도 그림이 있다는 것 자체가 일을 시작하기 전에 생기는 불안감이나 초조한 마음을 '할 수 있다'는 긍정의 마음으로 변모시킨다.

지혜로운 자가 기회를 잡는다

지혜로운 사람은 미래의 완성된 그림을 그리는 사람이다. 그들은 현실에 안주하지 않고 보다 나은 삶을 위해 또 다른 그림을 그리며 기회에 도전한다.

반면에 미련한 사람은 미래의 그림을 그리기보다는 과거를 후회하며 현실의 삶에 불평만 한다. 그림을 그려보겠다는 의지도 없이 마냥 두 손을 놓고 있다.

지혜로운 사람은 기회가 왔을 때 우물쭈물하지 않는다. 준비가 되어 있기에 망설임이 없다. 완성된 그림을 가지고 있기에 갑자기 다가온 기회도 삶의 공간에 바로 맞춘다.

반면에 미련한 사람은 기회가 찾아왔어도 그것이 자신의 것인지 알지 못한다. 완성된 그림이 없기에 찾아온 기회를 자신의 삶에 반영하지 못한다.

지혜로운 사람은 스스로 기회를 포착해 행운을 붙잡고 주변 사람들로부터 찬사를 받는다. 그들은 기회가 올 때까지 수동적으로 기다리지 않고, 직접 찾아 나서기도 한다.

반면에 미련한 사람은 주변 사람들이 좋은 기회를 놓쳤다고 알려줄 때가 되어서야 그것이 자신에게 다가온 기회라는 것을 알고 한탄한다.

지혜로운 사람은 언제라도 기회를 잡기 위해서 마음속에 항상 자기소개서를 가지고 다닌다. 준비된 자기소개서는 그들을 언제나 당당한 사람으로 만들어준다.

반면에 미련한 사람은 완성된 자기소개서가 없기에 기회가 와도 잡지 못한다. 그저 행운만을 바라며 남의 등에 업혀가려 한다.

세상에 공짜로 오는 기회는 없다. 기회를 놓칠까 봐 두렵다면, 어떤 일이든지 시작하기 전에 10분만 투자해서 완성된 그림을 그려보자. 이런 노력들이 당신을 삶의 기회를 잡는 지혜로운 사람으로 바꿔줄 것이다.

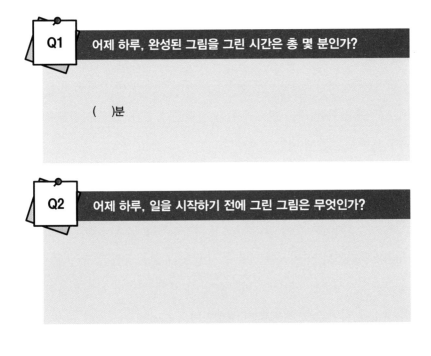

Q1 어제 하루, 완성된 그림을 그린 시간은 총 몇 분인가?

(　)분

Q2 어제 하루, 일을 시작하기 전에 그린 그림은 무엇인가?

화가 나면 10분만
화를 가라앉혀라

우리 안에는 사랑과 분노, 우울이나 즐거움 등 다양한 감정이 있음에도 유난히 화를 내는 빈도가 높은 사람들이 있다. 그런 사람들은 하루 대부분을 화를 내면서 보낸다.

답변이 늦는다거나, 길을 잘못 들었거나, 주문한 음식이 비싸다거나, 전화를 빨리 받지 않는다고 화를 내기도 한다.

또는 엘리베이터 문이 빨리 닫히지 않는다거나, 날씨가 춥다거나, 월급이 적다거나, 아이들이 말을 듣지 않는다거나, 출근길 지하철이 복잡하다는 사소한 이유로 화를 낸다. 이 모든 것들이 자기중심적인 생각에 젖어 있는 사람들의 행동이다.

자기중심적인 사람들이 화를 잘 낸다

조금만 화를 가라앉히고 살펴보면 화를 내야 할 이유가 없다는 사실을 알 수 있다. 제때 버스를 타려면 조금 일찍 나오면 된다. 길을 잘못 들어선 것은 자신이 잘못한 것이다. 그럼에도 화를 내는 것은 어이없는 일이다.

이런 사람들은 세상의 중심이 바로 자기 자신이라고 생각한다. 그들은 자신의 생각에 동조하는 사람을 합리적이라고 말한다. 심지어 자신에게 아첨하는 사람까지도 합리적인 사람이라고 생각한다.

반면에 옳고 그름을 불문하고 자신의 의견에 동조하지 않는 사람은 불합리한 사람이라고 매도한다.

이런 사람들은 자신이 원 바깥으로 밀리는 상황이 되면 견디지 못해 화를 낸다. 자신의 잘못으로 무시당해도 분노한다. 자신이 설 자리가 아니라도 자신이 주인공이 되어야 한다는 강박관념에 사로잡혀 그것이 충족되지 않을 때는 화를 참지 못하는 것이다.

이런 사람들은 승부욕이 강해 매사를 자기중심적으로 생각한다. 그러다 보니 자신의 의견이 채택되지 않으면 화를 낸다. 무엇을 하더라도 상대방보다 자신이 뒤처지면 화를 참지 못한다.

화는 평화로운 마음을 폐허로 만든다

화가 나면 심장이 두근거린다. 심하면 손이 떨리고 몸이 경직되기도 한다. 이런 상태가 지속되면 건강이 나빠진다. 더 무서운 것은 마음의 상처를 입게 되는 것이다. 마치 잘 가꾸어진 정원이 잡초로 뒤덮여 폐허가 되듯이 마음이 삭막해진다.

화는 육체의 고통이 아닌 마음의 고통에서 출발한다. 그런데 고통에서 출발한 화는 이를 느끼기 시작하면서 더 큰 고통으로 다가온다. 그렇기에 화를 방치하면 그 감정이 눈덩이 굴러가듯 커져서 걷잡을 수 없는 감정싸움이 된다.

감정싸움으로 변한 화는 그 원인이 된 문제와 상관없이 서로의 약점을 자극한다. 돌이킬 수 없는 과거의 일을 들추어내고 가장 민감한 자존심을 건드리게 된다.

급기야는 싸움이 끝나 화해를 해도 감정의 골에 난 상처는 그대로 남는다. 이렇게 폐허가 된 감정의 골에는 화의 씨앗이 싹을 틔우기 위해 기다리고 있다가 그것을 건드리는 기색이 있으면 가차 없이 밖으로 나온다.

화는 제거하려고 노력을 하면 할수록 커진다. 생각을 거듭할수록 확대되는 것이 화의 본성이다. 이러한 화가 평화로운 마음을 폐허로 만들기 전에 반드시 해야 할 것이 있다.

그것은 바로 상대의 말에 공감하며 상대를 이해하는 마음을 가지는 것이다. 그리고 자신의 마음속을 들여다보며 갖가지 생각으로 가득한 자신의 내면을 다스리는 것이다.

화를 내는 내가 있고 동시에 그 화를 다스리는 내가 있다는 것을 명심하자. 자신의 마음을 적절히 다스릴 때, 마음의 정원은 폐허가 되지 않고 평화롭게 꽃을 피우게 될 것이다.

화를 가라앉히려면 화가 났음을 인지하라

화를 가라앉히려면 먼저 자신이 화가 났음을 알아차려야 한다. 이것은 가슴에서 포착되는 일렁임으로 알아낼 수 있다.

화는 서서히 일어나는 것이 있는가 하면 급작스럽게 나타나는 것도 있다. 그러나 화가 났음을 알아차리는 시간은 서서히 일어나는 화나 급작스럽게 일어나는 화나 다를 바가 없다. 서서히 일어나는 화도 그것이 화인지 모르고 있다가 급작스럽게 인식되는 것이 보통이기 때문이다.

화가 난 줄 모르고 있지만 가슴에 콩닥거리는 느낌이 들면 우선은 화가 올라오고 있지 않은지 의심해보아야 한다. 또한 운동을 하거나 즐거운 일이 아닌데도 맥박이 거칠어지면 일단은 그 느낌이 화가 나려는 것은 아닌지 의심해보라.

자신이 화가 났다는 것을 알아차리려면 미세한 느낌이라도 주의

깊게 들여다보는 자세가 필요하다. 그래야 지금 화가 나고 있다는 것을 알게 되고, 화를 밖으로 표출하지 않을 방법을 찾을 수 있기 때문이다.

화를 가라앉히고 말하라

화가 났다는 것을 알아차렸다면 화가 치밀어 오르기 전에 심호흡을 하면서 숫자를 10까지 세어보라. 그래도 화가 가라앉지 않으면 1~10까지 10번을 세어보라.

지금 처해 있는 상황에서는 화를 진정시킬 수 없다는 판단이 서면 눈치 보지 말고 그 자리를 피하라. 이는 화를 가라앉히는 효과도 있지만 자신을 자극하고 있는 상대에게 화가 나서 곧 폭발할 것이라는 사실을 우회적으로 표현하는 효과도 있다.

화는 당신의 주인이 아니다. 또한 당신도 화의 주인이 아니다. 화는 당신이 초대한 손님이 아닌 불청객일 뿐이다. 불청객은 자신의 처지를 알았을 때 스스로 떠나게 되어 있다.

세상에 화를 내지 않는 사람은 없다. 누구나 화를 낼 수 있다. 3살 난 아기도 제 뜻대로 되지 않으면 화를 낸다.

다만 그 화를 어떻게 다스리느냐는 개개인마다 큰 차이가 있다. 화는 왜, 무엇 때문에 일어났는지 자신이나 상대를 있는 그대로 바라보고, 공감하며, 수용할 때 가라앉힐 수 있다.

화가 나면 10분간 화를 가라앉히고 생각한 후 말해보라. 그렇게
하면 남들이 가보지 않은 새로운 길이 보인다.

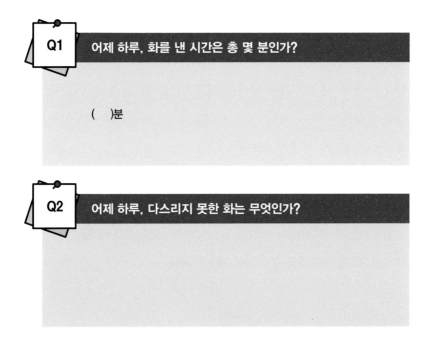

Q1 어제 하루, 화를 낸 시간은 총 몇 분인가?

( )분

Q2 어제 하루, 다스리지 못한 화는 무엇인가?

하루 10분,
말하기에 투자하라

사람들 앞에 서서 두려움 없이 자신의 이야기를 술술 풀어나가는 사람이 있는가 하면, 말하는 것 자체를 부담스러워하며 사람들 앞에 나서지 못하는 사람도 있다.

그런데 그런 사람들도 친구들이나 가족들 앞에서는 듣는 사람들이 지겨워할 정도로 말을 많이 할 때도 있다.

문제는 공식 석상에서 자리를 마련해주면 그 순간부터 입술이 굳어지며 할 말이 없다고 꽁무니를 빼는 것이다.

자신을 적극적으로 표현하라

아무리 할 말이 많아도, 지식이 풍부해도, 공부를 잘해도, 참신한 아이디어가 있어도 사람들 앞에서 제대로 표현하지 못한다면 아무 의미가 없다.

학생은 선생님에게, 취업준비생은 면접관에게, 판매업자는 손님에게, 은행원은 예금을 하러 온 고객에게, 호텔리어는 투숙객에게, 관리자는 직원에게, 운전기사는 승객에게, 기업가는 투자자에게, 교수는 학생에게, 목사는 성도에게, 정치인은 유권자에게, 사원은 상사에게, 선배는 후배에게 말을 한다.

이처럼 사람들 앞에서 말할 기회는 누구에게나 생긴다. 이때 자신의 할 말을 하며 스스로를 적극적으로 표현해야 할 필요가 있다.

나는 어떻게 말하는 사람일까

언변에 능숙한 대중연설가들도 대중 앞에 서면 긴장된다고 한다. 이들 중에는 극도의 내성적인 성격 때문에 사람들 앞에 서는 것은 꿈에도 생각하지 못했다고 말하는 사람들도 있다.

그런데 이런 사람들이 어떻게 대중 앞에서 연설할 수 있게 된 것일까? 그것은 자신이 말하는 유형을 알아내어 장점으로 키우려고 노력했기 때문이다. 이제 나는 어떤 유형의 사람인지 살펴보고 그 대책을 알아보자.

첫째, 손사래 형으로 사람들 앞에서 말을 하라고 하면 손을 휘저으며 할 말이 없다고 도망가는 사람이다. 이런 사람들은 앞에 나서거나 말하는 것을 부끄러워한다.

조용히 뒤에 앉아 사람들이 하는 이야기를 듣기만 하는 유형이기에 조심스럽게 접근해야 한다. 자신이 이런 유형이라면 웅변 체계를 제대로 배워 말하는 것에 조금씩 도전해야 한다.

둘째, 우물쭈물 형으로 말이나 행동을 모호하게 하거나 우물거리며 자꾸 망설이는 사람이다. 말을 해야 하는 상황에서도 할지말지 망설이다 말할 기회를 놓치기 일쑤다. 이런 사람들은 누군가가 옆에서 적극적으로 밀어주면 그런대로 잘하기도 한다.

만약 당신이 나서야 할 자리임에도 우물쭈물하고 있다면 주어진 기회를 놓치고 있다고 생각하라. 그리고 스스로를 그 자리로 떠밀어보라. 자신의 자리를 제대로 찾아야 하지 않겠는가.

셋째, 나서는 형으로 적극적으로 먼저 시작하거나 앞장을 서는 사람이다. 사람들 앞에 나서는 것을 좋아하며 어떤 주제가 주어져도 겁내지 않는다.

이런 사람들은 평소에도 말을 많이 한다. 그러려면 아는 것이 많아야 하기에 사소한 일에도 관심을 가진다.

자칫하면 말 많은 사람으로 치부될 수도 있지만 웅변 체계를 제대로 배우면 다가온 기회를 확실히 잡을 수 있다.

넷째, 횡설수설 형으로 조리 없이 이것저것 되는 대로 말하는 사람이다. 이런 사람들이 하는 이야기에는 핵심도 없고, 앞뒤도 없다. 술에 취한 사람이 술주정하듯이 본인도 무슨 말을 하고 있는지 모르고, 듣는 사람도 도무지 알 수가 없다.

아는 것도 많고 전할 말도 많지만 머릿속에 있는 지식이 두서없이 나오는 것이다. 이런 사람들은 웅변 체계를 배워 머릿속으로 말을 정리하면 많은 얘기를 할 수 있다.

다섯째, 막무가내 형으로 융통성 없이 고집만 센 유형이다. 이런 사람들은 순서와 주제, 그리고 시간 제한을 무시한다. 그리고 다른 사람들의 이야기를 듣지 않으며, 듣는 사람의 입장도 생각하지 않고 자신의 의견이 관철될 때까지 같은 말을 반복한다.

여섯째, 재치 형으로 어떤 상황이라도 눈치 빠르게, 능숙하고 슬기롭게 말을 하는 유형이다. 이런 사람들에게 성실한 자세가 추가되면 어디를 가나 환영받을 수 있다.

말에 조리가 있어 사람들이 귀를 기울이게 만든다. 스스로 웅변 체계를 만들어가는 사람이기에 다방면의 주제에 관심을 가진다면 어떤 상황에서도 당황하지 않고 사람들 앞에 당당한 자세로 설 수 있다.

자신만의 웅변 체계를 만들라

웅변이란 어떤 주제에 대해 자신이 생각하는 것을 체계적으로 정리하는 논술과 같다. 다만 웅변은 논술의 핵심만 뽑아낸 것을 사람들 앞에 소리 내어 말함으로써 표현하는 것이다.

웅변이 사람들의 심금을 울리기 위해서는 주제 선정에서 결론에 이르기까지 적절한 체계를 유지해야 한다. 다음은 그 체계를 만들기 위한 몇 가지 방법이다.

첫째, 공감할 수 있는 주제를 선정하라. 자신이 무엇을 이야기할 것인지 먼저 주제를 정하라. 사람들 앞에서 말을 할 때는 가능한 한 듣는 사람이 공감할 수 있는 참신한 주제가 좋다. 희망적이고 자신의 의지가 돋보이는 것을 택하라.

둘째, 일상에서 소재를 구하라. 주제에 적합한 소재를 구할 때는 가급적 자신의 일상에서 구하라. 누구나 관심을 가지는 대중적인 것이면 금상첨화다.

게다가 자신의 경험에서 소재를 찾으면 발표를 할 때 헷갈리거나 질문을 받아도 막히지 않고 대답할 수 있다.

셋째, 서론·본론·결론으로 구조를 만들어라. 서론은 사람들의 관심을 끌기 위한 재미있는 이야기로 시작하는 것이 좋다. 첫 마디가 재미있고 에피소드가 산뜻하면, 듣는 사람은 귀를 기울이고 다음 이야기를 기대하게 된다.

본론은 본인이 말하고 싶은 내용이므로 3가지 정도의 핵심 단어로 요약해 끊어서 말하는 것이 좋다. 장황하게 서술하여 나열하면 듣고 나서도 무엇을 들었는지 아리송해한다.

결론은 마음을 북돋아주는 과정이다. 웅변의 핵심은 본론에 있다고 하지만 결론은 핵심을 돋보이게 만든다. 서론과 본론이 조금 부족해도 결론이 감동스럽게 끝나면 그 웅변은 성공했다고 봐도 좋다.

제대로 전달하는 것이 중요하다

그리스의 웅변가였던 데모스테네스는 웅변을 할 때 가장 중요한 요소는 첫째도 전달, 둘째도 전달, 셋째도 전달이라고 말했다.

아무리 훌륭한 내용을 준비하더라도 제대로 전달하지 못하면 웅변으로서의 효과를 거두지 못한다는 말이다. 제대로 전달하기 위해서는 다음의 2가지 자세를 갖추어야 한다.

첫째, 자신만의 말하는 자세를 만들어라. 진지하고 자신감 있는 자세를 보여주어야 한다. 그래야 듣는 사람들이 말하는 사람을 믿을 수 있다. 우물쭈물하는 자세는 듣는 사람들의 호응을 이끌어낼 수 없다.

말을 하다가 자신감이 사라지는 느낌을 받으면 뒷짐을 지거나 한 손을 자연스럽게 바지 주머니에 넣어보는 것도 좋다. 이런 태도는 잠시나마 청중을 편하게 대할 수 있는 배짱을 만들고, 당신을 여유로워 보이도록 만든다.

둘째, 정확한 발음과 적당한 음량을 취하라. 발음이 정확하지 못한 사람은 책을 소리 내어 읽거나 아나운서의 말을 따라하면서 발음 연습을 해도 좋다. 목소리가 작은 사람이라면 의도적으로 목소리를 크게 하거나 마이크의 볼륨을 미리 높여놓으면 된다.

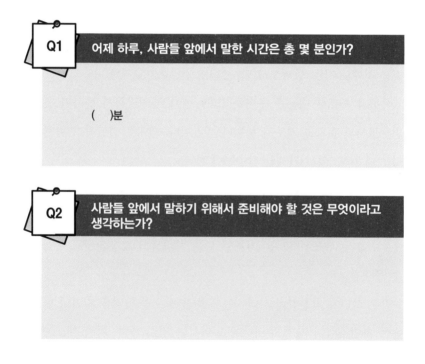

Q1 어제 하루, 사람들 앞에서 말한 시간은 총 몇 분인가?

(   )분

Q2 사람들 앞에서 말하기 위해서 준비해야 할 것은 무엇이라고 생각하는가?

사람들 앞에 나서기 위해 명심해야 할 10가지

1. 사람들 앞에 선다고 죽지 않는다.

2. 사람들 앞에 서면 누구나 긴장한다.

3. 처음부터 말을 잘하는 사람은 없다.

4. 앞뒤가 맞지 않아도 일단 말을 시작하라.

5. 자신이 없으면 할 말을 미리 써서 읽어라.

6. 평소에 관심분야를 정리하라.

7. 길을 알고 있는 사람, 즉 전문가에게 배워라.

8. 자꾸 하다 보면 잘하게 된다.

9. 계속 연습하고 훈련하라.

10. 웅변은 자기 자신과의 싸움이다.

4장. 오십의 집중이 소중한 꿈을 이루게 한다

- 우리의 몸과 마음이 유혹에 넘어가는 이유는 자신을 유혹하는 것에 계속 관심을 쏟고 결국 그것에 굴복하기 때문이다.

- 우리는 성공이 그동안 흘린 땀의 결과라는 것을 깨달아 목표를 이룰 때까지 인내하며 꾸준히 노력하는 자세를 가져야 한다.

- 포기라는 내면의 유혹에 대항하면 할수록 이러한 노력은 능력이 된다.

- 일상에서 꾀하는 일들을 제대로 하고 싶다면 일을 하기 전 10분간, 완성된 그림을 그려보는 습관을 가지자.

- 일을 무턱대고 시작하지 마라. 일을 시작하기 전에 '목표'와 '가장 잘할 수 있는 방법'을 기초로 그림을 그려보라.

- 세상에 공짜로 오는 기회는 없다. 기회를 놓칠까봐 두렵다면, 어떤 일이든지 시작하기 전에 10분만 투자해서 완성된 그림을 그려보자.

- 고통에서 출발한 화는 화가 났다는 것을 느끼기 시작하면 더 큰 고통으로 다가오기 마련이다.

- 화를 내는 내가 있고 동시에 그 화를 다스리는 내가 있다는 것을 명심하자.

- 화가 나면 10분간 화를 가라앉히고 생각한 후 말해보라. 그렇게 하면 남들이 가보지 않은 새로운 길이 보인다.

- 화는 당신의 주인이 아니다. 또한 당신도 화의 주인이 아니다. 화는 당신이 초대한 손님이 아닌 불청객일 뿐이다.

- 사람들 앞에서 말할 기회는 누구에게나 생긴다. 이때는 자신의 할 말을 하며 자신을 적극적으로 표현해야 할 필요가 있다.

- 만약 당신이 나서야 할 자리임에도 우물쭈물하고 있다면 주어진 기회를 놓치고 있다고 생각하라. 그리고 스스로를 그 자리로 떠밀어보라.

- 아무리 훌륭한 내용을 준비하더라도 제대로 전달하지 못하면 웅변으로서의 효과가 없다.

5장	
 오십의 성실함이	
당신의 이미지를 바꾼다	

10분 먼저
회사에 출근하라

회사들이 집중되어 있는 강남역이나 시청역 등의 출근 시간 모습은 마치 100m 달리기 경주를 보고 있는 듯하다. 출근 시간에 맞춰 회사에 도착하기 위해 숨이 차도록 달리는 사람들이 대부분이기 때문이다.

이런 사람들은 대체로 2가지 부류로 분류된다. 출근 시간에 겨우 맞춰 사무실에 들어가는 사람, 그리고 출근 시간이 조금 지나서 회사에 도착하는 사람이다.

물론 전자는 지각을 한 건 아니다. 하지만 늘 허겁지겁 들어오면 후자와 다를 바가 무엇인가. 딱 10분만 여유를 두고 출근해보자.

출근 시간에 힘겨워하는 사람들

출근 시간에 겨우 맞춰 사무실에 들어가는 사람의 모습을 살펴보면 대체로 자리에 앉고나서도 가쁜 숨을 고르느라 곧바로 일을 시작하지 못한다.

만약 출근하자마자 중요한 회의가 있다면 회의장에 들어가지 못할 수도 있다. 들어간다 해도 눈총을 받게 될 것이다.

습관적으로 지각하는 사람도 적지 않다. 집에서 조금만 일찍 출발하면 여유롭게 회사에 도착할 텐데도 시간에 쫓기느라 출근 과정에서 에너지를 낭비한다.

전철을 놓치지 않기 위해 층계를 달려 내려간다. 때로는 넘어지기도 한다. 탑승해도 사람들에게 이리저리 치이고, 내려서는 회사까지 뛰어가느라 숨을 헐떡인다.

지각하면 그 변명을 어떻게 둘러대야 하는지 생각하느라 머리가 복잡하다. 상사의 매서운 눈초리를 피해 자리로 향하느라 어깨를 움츠린다. 이미 출근해서 업무를 하고 있는 사람들 사이를 지나갈 때는 민망함에 얼굴이 화끈거리기까지 한다.

10분만 일찍 출근하면 순조롭게 지내게 될 하루를 그 10분 때문에 아침부터 동분서주하다가 하루를 시작부터 완전히 망치게 된다.

피로에 지쳐 일어나지 못할 것 같으면 지각하면서까지 힘들게 출근하지 않아도 된다. 오늘 꼭 출근해서 처리해야 할 업무가 없다면 월차를 사용하는 것이 지각하는 것보다 낫지 않을까.

월차는 당신의 정당한 권리이다. 자신의 필요에 따라 쓸 수 있는 휴가다. 업무에 지장이 없다면 당당하게 신청하여 사용하라.

오늘날에는 이전과 달리 재택근무가 일상화 되어 있다. 재택근무의 장점은 출퇴근 시간이 절약된다는 점이다. 비싼 교통비도 들지 않는다. 심지어 해외에 있어도 업무가 가능하다.

만일 당신이 하루에 1시간 이상을 출근 시간에 쓴다면 퇴근 시간까지 합쳐서 총 2시간을 길에서 보내게 된다. 재택근무는 이 자투리 시간까지 사용할 수 있다.

지금 당신은 50대이다. 회사에서 고급간부이거나 경영자일 것이다. 당신의 부서에 출근을 힘들어하는 직원들이 있다면 아침에 출근하고 싶은 직장을 만들어 주려고 애써보라. 당신이 평사원이었던 시절에 힘들었던 것을 생각하며 방법을 강구해 보라.

"직원들이 행복해야 기업도 성과가 나온다."라는 것을 당신은 알고 있을 것이다. 이를 당신의 지론으로 삼아 여러 가지 정책을 제시해보라. 직원들이 출근해야 할 즐거운 이유를 찾아서 그것을 시행해보라.

당신의 출근 시간, 누군가 보고 있다

출근 시간을 한 시간 뒤로 늦추거나, 앞당겨도 기가 막히게 딱 10분씩 지각하는 사람들이 있다. 세계 불가사의 중 하나라고 해도 손색이 없는 사례다.

이런 사람들은 아침에 일찍 일어났어도 지각을 한다. 일찍 일어났으면 바로 출근하면 될 것을 아직 시간 여유가 있다며 빈둥거리기 때문이다. 그러다가 오히려 평소보다 늦게 회사에 도착하고 만다.

K군은 제대 후에 남대문 시장의 소규모 잡화상 점원으로 취업했다. 월급은 적었지만 드디어 사회인으로서 일을 한다는 기쁨에 가게 문이 열리기도 전에 출근해서 주인이 오기를 기다리며 주변을 청소했다.

점원으로 일하고 있던 어느 날, 한 노인이 퇴근 무렵 그에게 다가와 말을 걸었다. 노인은 남대문에서 30여 년 동안 장사를 해와서 잔뼈가 굵은 사람이었다.

노인은 근처에서 점포를 운영하면서 많은 젊은이들을 보아왔지만 K군처럼 언제나 주인보다 먼저 출근해서 가게 문을 여는 사람을 보지 못했다고 했다.

보통 3개월쯤 되면 그만두거나 억지로 일하는 모습이었는데 K군은 다르다는 것이었다. 그러면서 노인은 자신이 몇 개의 점포를 가지고 있는데 K군에게 그 중 하나를 직접 운영해달라고 제안했다.

노인의 제안을 받아들인 K군은 항상 다른 가게보다 먼저 문을 열고, 가장 늦게까지 장사를 했다. 가게는 번창했고, K군은 노인으로부터 그 가게를 인수받아 주인이 되었다.

이처럼 우리의 행동은 항상 누군가가 보고 있다. 가까이 있는 사람만 보고 있는 것이 아니다. 우리와 전혀 연관이 없는 사람들도 우리의 행동을 보고 있다.

성실한 사람은 성실한 이미지가 부각되고, 불성실한 사람은 불성실한 이미지로 관찰된다. 당신의 이미지는 당신이 평소 어떻게 하느냐에 달렸다.

직장에서도 마찬가지다. 당신에게 일을 시키는 상사만 당신을 보고 있는 것이 아니다. 거래처의 사람들이 보고 있고, 다른 부서의 사람들도 보고 있다.

그들의 보는 눈은 비슷하다. 성실하게 일하고 있는 사람은 성실한 사람으로 인정하고, 시간을 때우거나 불성실하게 일하는 사람은 불성실한 사람으로 각인해버린다.

당신은 어떻게 보일까? 지각이 잦은 불성실한 사람, 아니면 아침 일찍 출근하는 성실한 사람? 당신이 현재 불성실한 사람이라면, 일찍 출근하는 성실한 사람으로 보이도록 다른 사람들보다 10분만 먼저 출근하라.

아침의 여유가 평안을 가져다준다

10분 일찍 출근하면 다른 사람들이 누릴 수 없는 여러 가지 평안함을 누리게 된다. 10분 일찍 출근했을 때의 장점은 헤아릴 수 없이 많다.

우선 10분 일찍 출근함으로써 지각할 염려가 없어지기 때문에 마음이 평안해진다. 지각으로 인해 질책이나 따가운 눈초리를 받을 일이 없어 눈치 보지 않아도 된다.

출근길이 혼잡해 길이 막힐까 봐 발을 동동 구르며 조바심을 낼 필요도 없다. 평소 출근 시간보다는 덜 혼잡하기에 길이 막힐 염려가 없다. 또한 급하게 차를 운전함으로써 발생하는 사고의 위험에서 벗어날 수도 있다.

급히 회의가 소집되어도 당황할 필요가 없다. 10분 전에 도착해서 일을 하고 있기 때문에 여유롭게 준비할 시간이 있다.

출근하느라 피곤하면 잠시 눈을 감고 쉴 수도 있다. 10분 정도만 눈을 감고 있어도 피로는 충분히 회복된다. 눈을 감고 있을 수 없다면 따뜻한 차를 마시거나 스트레칭으로 피로를 풀 수 있다.

10분 전에 출근해서 일할 준비를 했기에 마음은 여유롭고 평안하다. 어제 다 못한 일이 있으면 그 10분을 활용해 마무리 지을 수도 있어 미결업무에 쫓기는 하루에서 벗어날 수 있다.

또한 부지런하고 성실한 사람으로 인식되어 상사와 동료, 부하 직원에게 신뢰받을 수 있다.

10분 일찍 출근하는 것은 어려운 일이 아니다. 누구나 할 수 있다. 하루의 평안함을 누리기 원한다면 아침의 10분을 집이나 길에서 보내기보다 일찍 출근해보자. 성실한 사람으로 인정받고 나아가서는 마음의 평안까지 얻을 수 있다.

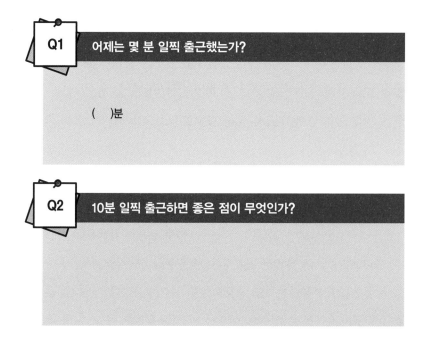

Q1 어제는 몇 분 일찍 출근했는가?

( )분

Q2 10분 일찍 출근하면 좋은 점이 무엇인가?

10분 먼저 출근하면 좋은 점

1. 전철역에서 100m 달리기를 하듯 뛰지 않아도 된다.

2. 회사에 가는 길이 여유롭다.

3. 운전할 때 길이 막히지 않아 심리적으로 안정된다.

4. 회사 주차장에서 빈자리를 쉽게 찾을 수 있다.

5. 오늘 하루의 업무를 미리 준비할 수 있다.

6. 상사의 눈치를 볼 필요가 없다.

7. 지각할까 봐 마음 졸이지 않아도 된다.

8. 더 빨리 일에 집중할 수 있다.

9. 활기찬 하루를 만들 수 있다.

10. 성실한 사람으로 인정받을 수 있다.

일이 끝나도
10분 늦게 퇴근하라

회사에는 출퇴근 시간이 정해져 있다. 탄력근무제를 운영하는 회사일지라도 하루에 근무해야 하는 기본적인 시간은 있다. 회사에서는 퇴근 시간을 지키라는 지침은 내린다.

하지만 실제로는 퇴근 시간이 제대로 지켜지는 곳이 드물다. 더욱이 지금의 50대가 직장생활을 시작할 때는 윗사람의 퇴근 시간에 따라 퇴근 시간이 좌지우지되기도 했다. 그러다 보니 정시에 퇴근을 하는 것은 정상임에도 불구하고 오히려 직장인들의 로망이 되어버렸다.

하지만 요즈음의 세대는 퇴근 시간을 어떻게 생각을 할까? 아예 정시 퇴근이 안 되는 회사를 취업기피 1순위로 꼽는다고 한다. 이들은 정시에 퇴근해서 운동을 하거나 자기계발에 투자하려 한다. 이렇게 되는 것이 정상 아닌가.

문제는 지금도 윗사람의 퇴근에 따라 자신의 퇴근 시간을 정하는 사람이 많이 있다는 것이다. 낮시간 내내 열심히 일했고, 할 일을 마쳤으면서도 윗사람의 눈치를 보느라 퇴근하지 못하고 안절부절 못하고 있다면 이런 사람은 주관이 없는 게 아닐까. 자존심을 내버린 사람이 아닐까.

직장인의 로망은 정시 퇴근

평소에 일을 잘한다고 평가받고 있는 사람이 정시 퇴근을 하면 동료들은 '할 일을 전부 끝냈나 보다.'라는 생각을 한다. 그리고 이 사람이 야근을 하면 '중요한 일이 아직 남아 있어 그 일을 처리하느라 늦는가 보다.'라며 늦게까지 일하는 것에 대한 정당성을 인정해 준다.

반면에 일을 못한다고 평가받고 있는 사람이 정시 퇴근을 하면 '저 사람은 퇴근만 꼬박꼬박 잘하네.'라며 빈정거린다. 그리고 중요한 일이 남아 있어 모처럼 야근을 하면 '용돈이 떨어졌나? 야근수당을 타기 위해 할 일도 없으면서 남아 있는 거 아닌가?'라며 비아냥

거린다.

똑같은 행동을 했지만 주변에서 상반된 반응을 보이는 것이다. 지금 당신은 직장에서 어떤 사람으로 인정받고 있는가?

퇴근이란 일터에서 업무를 끝내고 집으로 돌아가는 것이다. 오늘 하던 일에 마침표를 찍고 일자리를 떠나는 것이다. 마침표를 찍지 못하고 일자리를 떠나는 것은 산뜻하게 퇴근하는 것이 아니다. 일자리를 슬며시 이탈하는 것일 뿐이다.

이럴 때 업무에 마침표를 찍고자 하는 사람이라면 야근을 하거나, 일감을 집으로 가지고 가서라도 마무리할 것이다. 그래야 다음 일을 제대로 하고 그날의 퇴근을 제대로 하는 것이기 때문이다. 그렇지 못하다면 직장인의 로망인 정시 퇴근은 꿈속에서 일어나는 일일 뿐이다.

정시 퇴근 로망을 실천하기 위해서는 평소에 일을 잘한다는 평가를 받는 사람이 되어야 한다. 그러기 위해서는 오늘 하던 일을 제대로 끝내고 마침표를 찍는 습관을 길러야 한다.

매일의 일에 마침표를 찍기 원한다면 먼저 퇴근 시간까지 완성할 수 있는 일의 분량을 정해서 업무를 시작하라. 윗사람의 지시로 시작하는 일이라면 분량을 나누어서 일정을 정한 다음에 허락을 받으라.

도움을 줄 수 있는 사람이 있다면 그 사람에게 도움을 받으라. 고객으로부터 받은 주문이라면 고객에게 사정을 설명하고 양해를 구하라. 이렇게 일정을 조정한 후에 일을 시작하면 당신은 언제든지 정시 퇴근의 로망을 누릴 수 있을 것이다.

게다가 일의 마침표를 바르게 찍는 것이 일상의 습관으로 자리 잡는다면 당신은 언제나 일 잘하는 사람으로 평가 받을 수 있다. 그로 인해 당신은 정시 퇴근을 할 수 있는 유능한 직장인이 될 것이다.

여기서 추가로 명심해야 할 것이 있다. 일의 마침표를 찍었을 때 그대로 퇴근하지 말고 딱 10분만 돌아보고 퇴근을 하라. 마침표가 잘못되어 실수하는 일이 없어질 것이다.

정시 퇴근하려면 칼같이 일하라

출근하면서부터 퇴근을 기다리는 사람이 있다. 이런 사람들은 퇴근 1시간 전부터 퇴근을 준비하며 시계를 본다. 정시 퇴근 자체가 목적인 사람들이다.

이런 생각을 가진 사람들은 일을 제대로 했는지는 고려하지 않는다. 자리만 지키고 앉아 있으면 밥값은 한다고 말한다.

심지어 사정이 어찌되었든지 정시 퇴근하는 것을 자신이 지키려고 하는 최고의 자존심이라고까지 말하기도 한다. 평가나 승진은 상관없다고 큰소리친다. 직장이라는 단체생활에 적합하지 않은 사람이라는 것을 주변에 스스로 알리는 행위이다.

당신이 거리낌 없이 정시에 퇴근하려고 한다면 그날의 일을 칼같이 마무리하라. 그날의 업무에 여운을 남기지 말고 완성하라. 이것만이 정시 퇴근의 가장 떳떳한 정공법이다. 만약 당신이 정시 퇴근의 로망을 실현하고 싶다면 다음과 같은 원칙을 세워보라.

- 오늘 해야 할 일의 목록을 정하라.
- 해야 할 일의 목록을 만든 후 필요 없는 일이 있다면 과감하게 제거하라.
- 중요하고 긴급한 일을 앞으로 놓고 일의 순위를 정하라.

하루의 일을 준비할 때 우선 이 세 가지를 정하라. 그리고 정한 순서에 따라 일을 시작해보라.

이것이 습관이 되지 않은 사람이 처음 목록을 작성할 때는 중요하지도 않은 일들이 자꾸 시야에 들어온다. 문제는 시야에 들어온 일을 하다 보면 자기도 모르게 중요하고 긴급한 일을 뒤로 밀어낸다는 점이다. 이렇게 일을 하다보면 오늘 할 일을 오늘 끝내지 못한다. 이럴 때는 정시에 퇴근할 명분이 없어진다.

정말로 정시에 퇴근하고 싶다면 당신이 정한 일의 순위를 칼같이 지켜라. 그리고 상대적으로 필요가 없는 일들은 칼같이 도려내라. 또한 '얼마 안 남았으니까 오늘은 여기까지만 하고 가자.'라는 생각이 든다면 이것도 칼같이 버려라. 그럴 때 오늘 해야 할 일이 말끔히 끝난다.

마지막으로 오늘 해야 할 일을 끝낸 후에는 처음부터 찬찬히 살펴보는 게 좋다. 모르고 끝내지 못한 일이 남았을 수도 있고, 실수를 했을 수도 있다. 사람이 하는 일은 완벽할 수 없다고들 말한다. 그러나 일이 끝나고 10분 정도만 재검토를 하면 실수를 최대한 줄일 수 있다.

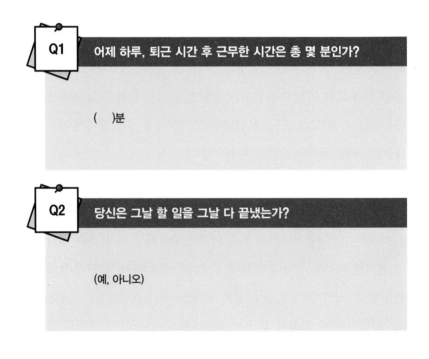

Q1 어제 하루, 퇴근 시간 후 근무한 시간은 총 몇 분인가?

(　　)분

Q2 당신은 그날 할 일을 그날 다 끝냈는가?

(예, 아니오)

약속장소에
10분 일찍 도착하라

나는 강의가 있는 날에는 항상 10분 일찍 강의 장소에 도착한다. 특히 지방이나 생소한 장소에서 강의를 하게 되면 하루나 이틀 전에 강의할 장소를 답사하기도 한다.

나의 강의를 듣기 위해 기다리는 사람들을 만난다는 기대와 설렘이 나를 그 장소에 일찍 가게 만드는 것 같다. 또한 수십, 수백 명의 사람들이 나의 강의를 듣기 위해 기다리고 있는데 늦게 도착하면 그들에게서 그만큼의 시간을 빼앗게 된다는 미안함 때문이기도 하다.

한 번은 강의 시간에 맞추기 위해서 헐레벌떡 뛰어서 강의 장소에 도착한 일이 있었다. 강사 소개를 받고서 강단에 올랐는데 숨이

찼다. 조금 숨이 찬 것만으로는 별 문제가 없을 줄 알았다.

그런데 거짓말처럼 말이 잘 나오지 않았다. 첫 마디는 당당하게 한다는 나의 원칙이 무너지는 찰나였다. 그때 나는 뒷짐을 지고서 청중을 바라보며 암암리에 숨을 고른 후에 강의를 시작했다.

이때가 내 나이 50대 중반일 때였다. 이것을 경험한 후 나는 언제나 10분 일찍 도착했고, 강단에 올라갈 때는 절대로 뛰지 않게 되었다.

일찍 도착하면 마음이 안정된다

나는 강의 장소에 일찍 도착하면 안내 데스크에 차량을 등록하고, 때로는 주차증도 미리 받아 놓는다. 그래야 차질 없이 강의실에 들어갈 수 있고, 강의가 끝나면 별다른 절차 없이도 곧바로 차를 타고 나올 수 있기 때문이다.

또한 강의를 듣는 이들에게 좋은 인상을 주기 위해 복장에 이상이 있는지 점검하고, 강의 중 곤란한 일을 당하지 않기 위해서 용변을 미리 해결하기도 한다.

때로는 행사 담당자를 만나서 새로운 요구사항이 있는지 알아보고, 나의 동선이 자연스러울 수 있도록 강의장의 조명시설이나 의자의 배치 상황 등을 쭉 둘러보기도 한다.

약속시간보다 일찍 도착하는 것은 이처럼 낯선 장소에 제대로 적응하기 위함이다. 한 번이라도 현장을 실사하면 쓸데없는 긴장감이 사라진다. 일찍 도착했기에 상황을 조정할 수 있는 여유가 생기므로 마음이 안정된다.

매년 행해지는 수능 시험장의 풍경을 보면 제시간에 맞추지 못해 달려가는 수험생, 경찰차를 타고 사이렌을 울리면서 시험장에 도착하는 수험생이 있다. 이런 수험생들은 그나마 다행이다. 아예 시험장에 들어가지 못해 울고 있는 수험생들도 있다.

많이 늦어야만 지각이 되는 것은 아니다. 때에 따라서는 고작 몇 분 차이로 한 해를 더 기다려야 하는 수모를 겪을 수도 있다. 수능 시험에 지각한 수험생을 경찰차로 데려다주는 행위를 비난하는 사람들도 있다. 이런 지적을 하는 사람들은 시험장에 시간에 맞춰 도착하는 것까지가 수학 능력이라 말한다.

필자의 회사에서는 사원을 뽑을 때 면접 시험을 본다. 어느 날 통역사가 필요해서 서류전형을 통과한 3명의 지원자에게 면접 일시를 통보했다. 그런데 3명의 후보 중에서 1순위의 지원자가 제시간에 도착하지 못했다.

이 지원자가 가장 마음에 들고 적합한 사람이었으나, 면접 시험이 끝나고 한 시간 후에야 찾아왔다. 처음부터 이 사람을 채용하자는 쪽에 마음이 기운 상태였기에 늦었어도 면접을 봤고, 실제로 면접을 해보니 실력도 있었다.

하지만 면접위원들의 논의 끝에 해당 지원자를 불합격 시키기로

했다. 통역사의 기본 소양은 시간을 제대로 지키는 것이기 때문이다.

지금 50대인 당신은 사람들과 만날 일이 많이 있을 것이다. 이 약속들은 업무 때문일 수도, 개인적인 친분 때문일 수도 있다. 약속의 종류가 어떤 것이든 약속을 했다면 10분 일찍 도착한다는 것을 자기 자신과의 약속으로 정해보라.

당신이 외딴 섬이나 산속에 혼자 살고 있다 해도 약속이 생겼다면 그 장소에 일찍 도착해보라. 일찍 도착하여 여유를 얻음으로써 마음이 안정되고 당신이 원하는 것을 얻게 될 것이다.

일찍 도착하면 좋은 점

나폴레옹은 "약속을 지키는 가장 좋은 방법은 아예 약속을 하지 않는 것이다."라고 말했다.

우리는 약속이란 반드시 지켜야 하는 것이라는 부담을 안고 있다. 특히 약속시간을 지키지 못하면 상대방을 기다리게 했다는 생각으로 마음이 무겁다.

또한 "약속은 하는 것보다 지키는 것이 더 중요하다."라는 말이 있다. 그만큼 약속은 하는 것부터 지키는 것까지 결코 만만한 과정이 아니다.

약속이란 사람과 사람 사이의 신뢰이기도 하다. 약속을 잘 지키는 사람은 다른 사람에게 믿을 수 있는 사람이라는 인식을 심어준다. 반면에 약속을 잘 지키지 못하는 사람은 다른 사람들의 신뢰를 잃고, 믿을 수 없는 사람이라는 인상을 준다.

약속시간을 지키기 위해서는 10분 일찍 도착해야 한다고 생각하면 된다. 약속장소에 일찍 도착하면 여유로움을 맛볼 수 있다.

그것이 회식장소라면 다음에 다른 약속장소로 활용할 수 있을지 판단할 수 있다. 대형빌딩이라면 전망대에 올라가 주변을 구경할 수 있다. 처음 간 곳이라면 주변을 둘러보며 산책할 수 있다. 고객의 회사라면 그 회사의 분위기나 사람들의 행동을 살펴볼 수 있다.

약속장소에 일찍 도착하면 늦게 도착하는 데 대한 변명이 필요 없다. 지금 거의 다 왔다는 거짓말을 할 필요도 없다. 도착해서 두 손 모으고 머리를 조아리는 민망한 상황을 연출하지 않아도 된다. 나아가 신뢰할 만한 사람으로 평가받을 수 있다.

약속장소에 일찍 도착하면 좋은 장소를 잡을 수도 있다. 줄 서서 기다리는 수고를 하지 않아도 된다. 무언가를 구경하는 곳이라면 잘 보이는 장소를 선점할 수 있다.

무엇보다 약속장소에 일찍 도착하면 주도적인 인간관계를 만들 수 있다. 어쩔 수 없이 남을 따라다니는 삶이 아닌 자신이 주인이 되는 삶을 살 수 있다.

이런 사람이야말로 소중한 일에 시간을 제대로 투자할 줄 아는 사람이다.

약속시간을 잘 지킬 수 있는 방법

대체 누가 약속시간을 지키고 싶지 않겠는가. 그러나 살다 보면 자신도 모르는 사이에 약속시간을 어기게 되고, 그것이 습관이 되면 나중에는 약속을 어겨도 미안해하지 않는 구제불능의 사람이 되고 만다.

약속시간을 우습게 생각했다가 중요한 사업을 망칠 수도 있고, 인간관계가 무너지는 경우도 있다.

약속을 하지 않고는 살 수 없는 이 세상에서 살아가기 위해, 어떻게 하면 약속시간을 잘 지킬 수 있을지 생각해보자. 또한 다음의 6가지 사항을 명심하라.

첫째, 자기 자신을 배려하는 마음을 가져라. 세상의 주인공은 바로 자기 자신이다. 가장 소중한 사람도 자기 자신이다. 약속을 지키지 못함으로써 이런 소중한 자신을 상처받게 만들면 되겠는가.

스스로를 조금만 배려하면 얼마든지 믿을 만한 사람으로 인정받을 수 있을 텐데 하찮은 일에 집착하다 소중한 것을 잃는다면 얼마나 억울한 일인가.

둘째, 뭉그적거리지 마라. 뭉그적거리는 것도 하나의 버릇이다. 뭉그적거리지 말고 그냥 약속장소로 떠나라.

자신에게 이런 나쁜 버릇이 있다면 마음속으로 말하라. "너, 그렇게 뭉그적거리다가 소중한 기회를 잃을 수도 있어." 그리고 재빨리 약속장소로 출발하라.

셋째, 여러 가지 일을 동시에 하지 마라. 한 가지라도 제대로 끝을 내고 다른 일을 시작하라. 급하고 중요한 일은 약속시간 전에 처리하고, 그렇지 않은 일은 폐기하거나 연기하라.

넷째, 자신의 생체리듬을 생각하라. 주간에 활동하는 사람이 있는가 하면 야간에 활동하는 사람들이 있다. 만약 당신이 야행성이라면 주간의 약속시간을 지키기 위해 생체리듬을 미리 조정하라.

생체리듬을 조절하지 못할 때는 약속시간에 늦기도 하겠지만 약속장소에 가서 조느라고 해야 할 일을 제대로 못 할 수 있다.

수능을 치르는 학생들도 평소에는 밤늦게까지 공부하다 수능 시험일이 다가오면 생체리듬을 조절한다. 그래야 실력을 제대로 발휘할 수 있기 때문이다.

다섯째, 여러 가지 상황을 계산에 넣어라. 평소에 막히지 않던 도로라 할지라도 날짜, 시간대에 따라 막힐 수 있다.

지하철도 때로는 운행을 하다가 멈추기도 한다. 기차표가 매진되어 당일에 없을 수도 있다. 비행기가 기상 악화로 이륙할 수 없을 때도 있다. 정비하느라 여객선이 떠나지 않을 수도 있다.

교통편을 이용하는 경우라면 이런 변수를 계산하여 대체 수단을 미리 생각하라. 아무리 이런 변수 때문에 늦었다고 말해도 약속시간을 맞추지 못하면 신용 없는 사람이 된다.

여섯째, 허둥대지 마라. 허둥대다 보면 엉뚱한 장소로 가거나, 날

짜를 착각하게 될 수도 있다.

하루에 장례식과 결혼식 몇 곳을 동시에 가는 경우에 허둥대다 보면 자신도 모르게 하지 않아도 될 실수를 하게 되기도 하니, 신체의 시계를 10분만 일찍 맞추어두고 생활하라.

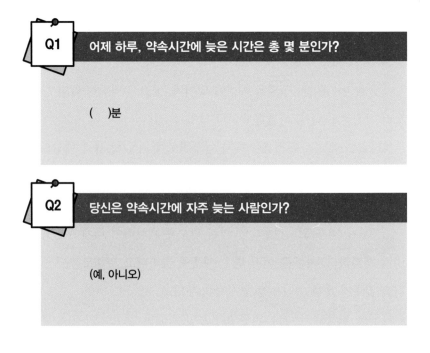

Q1 어제 하루, 약속시간에 늦은 시간은 총 몇 분인가?

(   )분

Q2 당신은 약속시간에 자주 늦는 사람인가?

(예, 아니오)

10분 일찍 일을 마감하고 끝낸 일을 점검하라

지금 하고 있는 업무의 주체는 바로 당신이다. 제시간에 그 일을 끝낼 수 있는 사람도, 제시간에 끝내지 못할 사람도 당신이다. 그 일을 수용하는 것도 당신이고, 그 일을 거절할 사람도 당신이다.

다시 말해 당신은 그 일을 성공으로 이끄는 주체이자 실패의 구렁텅이로 몰아넣는 주체이다.

당신은 지금 하고 있는 일의 적격자로 인정받은 사람이다. 당신은 그 일을 할 수 있는 많은 사람들 중에서 특별히 선택된 주체라는 것을 명심해야 한다.

업무의 주체는 바로 당신이다

당신이 50대의 직장인이라면 회사 내에서 경영자급일 것이다. 경영자는 주어진 과제보다 시장개척 등 새로운 분야의 일에 집중해야 한다.

당신도 신입사원 시절에는 상사가 과제를 구체적으로 부여해야만 일을 시작했을 것이다. 이때 상사는 "이 일의 주체는 자기 자신이다."라는 말을 자주 했을 것이다. 그리고 당신의 과제수행이 기대에 미치지 못하면 여러 가지 방법을 제시하며 당신을 가르쳤을 것이다.

이런 과정을 통해 당신은 점차 자신감을 갖게 되고 업무의 주체로 거듭나게 되었을 것이다.

가끔 보고하러 올 시간이 지났는데도 소식이 없는 직원을 불러 과제 완료 여부에 대해 물어보면 우물쭈물하는 사람이 있다. 반면에 완벽하게 보고서를 작성했으나 몇 가지를 질문하면 명쾌하게 대답하지 못하는 직원도 있다.

전자는 맡은 업무에 자신감이 없는 사람이고 후자는 언어표현력이 부족한 사람이다. 이런 일을 초래하는 것은 자신의 업무에 주체가 되기 위한 준비를 하지 않은 탓이다.

하루에는 새벽이 있고 밤이 있듯이 우리가 하는 일에도 시작과 끝이 있다. 완벽하게 준비한 입찰서류도 마감기간을 넘기면 무용지

물이 된다. 접수창구는 마감시간이 되면 닫는다. 한번 닫은 창구는 열어달라고 애원해도 소용없다.

10분만 일찍 제출했으면 홀가분한 마음으로 다음 심사를 기다렸을 것이다. 마감시간에 제출하지 못한 사람은 접수창구에서 떨며 가슴을 두드릴 것이다.

왜 그럴까? 그것은 업무의 주체가 바로 자기 자신이었기 때문이다. 자신이 힘들여 준비한 과정이 아깝기 때문이다. 그 일의 주체가 다른 사람이었다면 가슴을 치며 애통해하지 않았을 것이다. 오히려 애통해하는 사람의 등을 두드려주며 위로했을 것이다.

그러나 그 업무의 주체가 자기 자신일 때는 다른 사람들의 위로마저 싫어진다. 주체로서 역할을 다하지 못한 부끄러움과 마음에 입은 상처 때문이다.

자신이 맡은 업무의 시작과 끝을 제대로 지킬 수 있는 것도 능력이다. 업무의 주체가 되어 정확한 성과를 내려면 언제 업무를 마감할지 그 기한을 정확하게 정하라. 마감기간을 결코 넘기지 않겠다는 결심을 하라. 아무리 늦어도 10분은 일찍 마감하는 습관을 만들어라.

그럴 때 당신은 업무의 주체가 될 것이다. 기억하라. 한번 흘러간 강물은 결코 돌아오지 않는다.

집중하면 보인다

일을 제대로 매듭짓고 싶다면 다음의 4가지 원칙을 명심해서 실천해야 한다.

첫째, 일의 시작은 신중히 하라. 먼저 자신이 해야 할 일인지 아닌지를 생각하라. 지금 마감시간이 임박한 일을 하고 있는데 추가로 당신에게 새로운 일이 주어졌다면 어떻게 할 것인지 생각해보아야 한다.

둘째, 당신의 능력으로 할 수 있는 일인지 판단하라. 현재 하고 있는 일을 마감하고 시작할 수 있는 일이 아니라고 판단되면 거절하라. 거절하는 것도 능력이다.

만약 당신이 꼭 해야 하는 일이라면 마감시간을 조정한 후에 결정하라. 그래야 마감 때문에 스트레스 받지 않고 일을 제대로 하는 사람이라는 평가를 받는다.

셋째, 한 번에 하나씩 하라. 한 번에 두 걸음을 걸을 수 없고, 강을 건너면서 여러 배를 동시에 탈 수 없다. 생각도 마찬가지다. 여러 가지를 동시에 할 수 없다.

그렇기에 본인의 과욕이나 누군가의 강압에 의해서 일을 억지로 떠맡지 말고 현재 잡고 있는 하나를 제대로 하라. 여러 가지를 해야 한다면 가장 중요한 일을 선택하고, 부가가치가 없는 쓸데없는 일은 버려라.

넷째, 전문가의 도움을 받아라. 일에 집중하다 보면 누구에게 도움을 받아야 할 것인지가 떠오른다. 막힌 담을 헐어줄 전문가가 보인다. 그때 바로 그 전문가를 찾아가라.

전문가는 수없는 시행착오를 거쳐 해결책을 찾아낸 사람이다. 전문가는 당신이 해결하지 못해 끙끙거리며 고민하는 것을 이미 겪어봤기에 문제를 해결해줄 수 있다.

다른 사람에게 물어보는 것, 도움 받는 것을 자존심의 문제로 비약시키는 사람들이 있다. 별로 내세울 것이 없는 아마추어의 행태다.

전문가일수록 같은 전문가의 도움을 많이 받는다. 누구의 도움도 필요 없을 것 같은 일류 선수도 전문 코치의 지도를 적극적으로 받지 않는가.

잘 되고 있는 일이라도 도움을 줄 수 있는 전문가가 곁에 있다면 도움을 청하라. 당신의 실력이 업그레이드되는 지름길이다.

매듭은 성장의 촉진점이다

성공하는 사람일수록 맺고 끊는 매듭짓기를 잘한다. 일의 매듭을 짓는다는 것은 일을 정리한다는 뜻이다. 정리를 잘하면 원하는 성과를 낼 수 있다.

일을 잘하는 사람일수록 한번 시작한 업무는 중간중간 매듭을 지으면서 정리하고, 깔끔하게 마무리 짓는다. 그러나 실패하는 사람은 시작은 거창하지만 끝매듭을 제대로 짓지 못한다.

일을 매듭짓는다는 것은 다른 일을 시작할 수 있는 준비를 한다는 의미다. 즉 새로운 일을 시작할 출발점에 다시 서는 것이다. 일의 매듭은 당신을 언제든지 자유롭게 떠날 수 있는 몸으로 만들어준다.

우리의 뇌는 미결된 것이 있으면 그것을 버리지 못하고 뇌에 남겨두기 때문이다. 버리려 하면 할수록 더 남아 있다.

미결업무는 두뇌를 긴장시키고 스트레스를 가져다준다. 새로운 출발의 걸림돌이 되는 것이다. 그러나 이런 것들도 매듭이 지어지면 봄날에 눈 녹듯이 흔적도 없이 사라진다.

일을 제대로 매듭짓지 못하는 사람들은 "바쁘다."는 말을 입에 달고 산다. 야근을 밥 먹듯 하고 휴일에도 출근한다. 당신이 이런 유형이라면 우선 야근하겠다는 마음을 버려야 한다. 출근 시간을 지키듯 일의 매듭 시간도 정확히 지켜야 한다.

고무줄도 늘리기를 지속하면 탄성을 잃고 결국은 끊어진다는 것을 명심하라. 일을 시작하기 전에 우선적으로 마감시간을 정하라. 그리고 중간중간의 매듭을 지을 시간도 정하라. 그래야 마감시간에 맞춰 제대로 끝낼 수 있다.

마감시간을 정하면 대략적인 일정을 짤 수 있다는 이점도 있지만, 무엇보다 의무감이 생긴다. 마감시간까지 일을 다 끝내지 못하면 함께 일하는 팀원들에게 폐를 끼칠 수 있다는 생각에 더욱 성실하게 일하게 되는 것이다.

또한 매듭을 제대로 지으면 버릴 것과 간직할 것이 확실히 구분된다. 버릴 것은 미련 두지 말고 버리고 간직할 것은 가져가라. 그래야 매듭이 성장의 촉진점이 되고, 다음 일을 제대로 준비할 수 있게 된다.

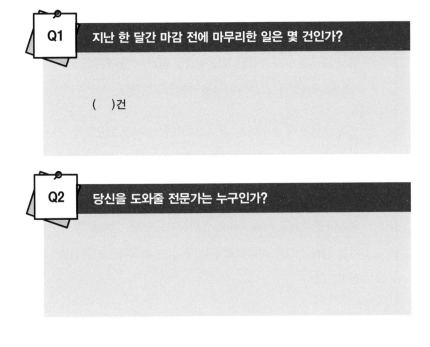

Q1 지난 한 달간 마감 전에 마무리한 일은 몇 건인가?

( )건

Q2 당신을 도와줄 전문가는 누구인가?

5장. 오십의 성실함이 당신의 이미지를 바꾼다

- 우리의 행동은 항상 누군가가 보고 있다. 가까이 있는 사람만 보고 있는 것이 아니다. 우리와 전혀 연관이 없는 사람들도 우리의 행동을 보고 있다.

- 하루의 평안함을 누리기 원한다면 아침의 10분을 길이나 집에서 보내기보다 일찍 출근해보자.

- 퇴근이란 직장에서 일을 끝내고 집으로 돌아가는 것이다. 오늘 하던 일에 마침표를 찍고 일자리를 떠나는 것이다.

- 정시 퇴근을 하고 싶다면 일도 칼같이 하라. 어떻게든 그날의 업무를 완성하라. 이것이 정시 퇴근의 정공법이다.

- 오늘의 일은 오늘 끝내라. 끝내지 못하면 정시에 퇴근하지 마라. 당신 때문에 부서의 업무가 마비될 수도 있고, 팀의 프로젝트가 진행되지 않을 수도 있다.

- 약속이란 사람과 사람 사이의 신뢰이기도 하다. 약속을 잘 지키는 사람은 다른 사람에게 믿을 수 있는 사람이라는 인식을 심어준다.

- 약속장소에 일찍 도착하면 주도적인 인간관계를 만들 수 있다. 어쩔 수 없이 따라다니는 삶이 아닌 자신이 주인이 되는 삶을 살 수 있다.

- 약속시간을 어기는 게 습관이 되면 나중에는 약속을 어겨도 미안해하지 않는 구제불능의 사람이 된다.

- 지금 하고 있는 업무의 주체는 바로 당신이다. 제시간에 그 일을 끝낼 수 있는 사람도, 제시간에 끝내지 못할 사람도 당신이다.

- 잘 되고 있는 일이라도 도움을 줄 수 있는 전문가가 곁에 있다면 도움을 청하라. 당신의 실력이 업그레이드되는 지름길이다.

- 일을 매듭짓는다는 것은 다른 일을 시작할 수 있는 준비를 한다는 의미다. 즉 새로운 일을 시작할 출발점에 다시 서는 것이다.

6장

오십의 공부가

지혜로운 사람을 만든다

하루 10분,
독서를 하라

하루 10분의 독서는 1년이면 3,650분이 된다. 즉 60시간 정도가 된다. 한 권의 책을 10시간에 걸쳐서 읽는다고 치면 1년에 6권을 읽을 수 있다. 4시간 만에 읽는다면 15권 정도가 되고, 2시간 만에 읽는다면 30권이 된다.

2021년 통계청 발표에 따르면 우리나라 국민 13세 이상의 사람들 1인당 평균 독서 권수는 7권, 19세 이하는 13권, 50대 이상은 5권으로 집계되었다.

이런 통계수치를 살펴보면 한 권의 책을 10시간 만에 읽는다 해도 하루 10분의 독서로 1년에 책 6권을 읽을 수 있다. 50대 이상의 사람들의 평균보다 1권이 많은 수치이다.

이렇듯 10분의 독서는 결코 무시할 수 없다. 이제 하루 10분의 독서가 우리에게 주는 혜택에는 어떤 것들이 있는지 살펴보자.

독서로 새로운 세상을 만나자

첫째, 독서는 새로운 기회를 제공한다. 우리는 독서를 통해 평소에 궁금했던 정보를 얻을 수 있다.

책에서 얻는 정보는 전문가들의 노력으로 압축되고 정리된 것이기에 명쾌하다. 전문가들이 분석한 다양한 견해가 있고, 저자의 압축된 생각이 수록되어 있다.

책을 읽음으로써 짧은 시간에 다양한 정보와 견해를 얻을 수 있다. 나아가 독서로 얻은 정보를 재가공해 또 다른 부가가치를 창출하는 새로운 기회를 접할 수 있다.

둘째, 독서는 성공적인 사회생활의 촉매제가 된다. 다양한 견해를 접하게 하는 독서는 편파적인 인생관을 깨뜨려준다. 또한 돌처럼 단단한 두뇌를 부드럽게 만들어준다.

독서는 자신의 마음을 글로 정확하게 표현할 수 있는 실력을 키워주고 다양한 견해를 접하게 만들어줌으로써 변화무쌍한 세상에 침착하게 대응하는 자신감을 준다. 이는 성공적인 사회생활을 할 수 있는 초석이 된다.

셋째, 독서는 새로운 세상을 만나게 해준다. 독서는 저자들의 눈과 마음을 통해서 새로운 세상을 보게 한다. 책은 내가 알고 있는 것과 다른 세상을 소개하고 있다.

우리는 독서를 통해 지금까지 자신의 눈으로만 보았던 한정된 세상, 좁은 세상을 깨고 또 다른 세상이 있다는 것을 비로소 알게 된다. 그리고 내가 알고 있던 세상이 전부가 아님을 깨우치게 된다.

독서는 우물 안 개구리가 우물 밖으로 나와 또 다른 세상을 볼 수 있게끔 용기를 북돋아주는 행위다.

독서로 원하는 길을 찾아라

앞이 잘 보이지 않는 사람은 안경을 쓴다. 마찬가지로 삶의 길이 제대로 보이지 않는 사람은 독서라는 안경을 통해서 길을 찾을 수 있다.

세상에는 수많은 창이 있다. 눈앞에 보이는 창이 있는가 하면 보이지 않는 창도 있다. 누구나 보고 있지만 나만 보지 못하는 창도 있다. 손잡이를 돌리면 쉽게 열리는 창이 있고, 손잡이를 돌려도 열리지 않는 창이 있다. 이런 다양한 창을 볼 수 있는 눈을 주는 것이 바로 독서다.

마음에 상처가 있는 사람은 독서를 통해 치유 받는다. 고민이 많은 사람은 독서를 통해 내면의 평화를 찾는다. 조급한 사람은 독서를 통해 차분함을 배운다. 시간이 부족한 사람은 독서를 통해 시간 관리 방법을 깨우친다.

불행의 굴레에 허덕이는 사람은 독서를 통해 행복의 굴레로 갈아 탄다. 세상을 비관적으로 보는 사람은 독서를 통해 낙관적인 마음을 가지게 된다. 변화에 힘들어하는 사람은 독서를 통해 변화에 적응한다.

책 속에는 꿈을 이룬 사람들의 이야기가 있고, 성공으로 가는 길을 제시해주는 사람들의 경험이 있다. 길을 찾지 못해 방황하고 있는 사람들의 사연이 있고, 고난을 겪는 중에도 행복을 찾는 사람들도 만날 수 있다. 사랑을 찾아 떠나는 사람과 사랑을 잃어 울고 있는 사람들의 이야기도 담겨 있다.

사람마다 가는 길은 다르다. 그렇다고 완전히 다른 것은 아니다. 비슷한 생각을 하는 사람들은 비슷한 길을 가고, 생각이 다른 사람들은 다른 길을 간다.

책 속에도 이런 다른 길들이 있다. 독서는 내가 원하는 길, 내가 원하는 삶을 찾아갈 수 있는 길을 안내해준다.

책을 가까이 하라

책장에 책을 가득 꽂아두고 사는 사람이 있는가 하면, 책장은커녕 집안에 책상도 없이 방바닥에 몇 권의 책을 팽개쳐놓고 사는 사람도 있다. 책장에 책을 꽂아두고 있으면서 한 권도 읽지 않는 사람이 있는가 하면, 방바닥에 굴러다니는 몇 권의 책밖에 없지만 독서를 꾸준히 하는 사람도 있다.

이는 독서를 제대로 하는 방법을 알고 있는 사람과 모르고 있는 사람의 차이다. 그럼 독서를 제대로 할 수 있는 방법을 알아보자.

첫째, 책을 멀리서 찾지 말고 바로 곁에 있는 책을 읽어라. 지금 가지고 있지도 않은 책을 구입한 후에 읽겠다고 능장 부리지 마라. 읽고 싶은 책을 사서 손에 넣는 것보다 지금 가까이 있는 책을 집어 들고 그것을 펼쳐라. 그 책도 분명 나에게 필요한 책이기에 돈을 주고 샀을 것이다.

이미 읽었던 책도 상관없다. 한 번 더 읽어보라. 10분 정도의 시간이면 책을 전체적으로 훑어볼 수 있다. 다시 한 번 읽을 만한 책이라면 이것을 선택해서 읽으면 된다. 마음에 들지 않는 책이라면 제쳐두고 가까이 있는 다른 책을 펼쳐라.

있는 책을 그냥 두고 다른 책을 살 때까지 기다리며 시간을 낭비하지 마라. 책을 모으는 데에 집착을 하면 결국 독서는 뒷전이 되고 만다.

둘째, 책을 가지고 다니면서 읽어라. 사람들은 길을 가면서도 스마트폰을 본다. 심지어는 운전을 하면서도 보는 사람들이 있다. 왜 그럴까? 스마트폰이 늘 손으로 잡을 수 있는 가까운 거리에 있기 때문이다.

책도 마찬가지다. 손에 들고 다니거나 언제나 꺼내볼 수 있는 가방에 넣고 다니면 수시로 읽게 된다.

책을 책상 위에 두면 책상에 앉아야만 책을 읽을 수 있다. 스마트폰을 항상 가지고 다니듯이 손에 항상 책 한 권을 가지고 다니는 습관을 가져보라. 독서 습관은 책을 가까이 하는 것에서부터 시작된다.

셋째, 꾸준히 읽어라. 매일 10분씩 꾸준히 책을 읽을 경우, 일주일이면 70분이 된다. 이 정도면 분량이 많지 않은 책 한 권 정도는 읽을 수 있는 충분한 시간이다.

또한 한 달이면 300분, 5시간이라는 큰 시간이 된다. 작심하고 아침 9시부터 오후 2시까지 독서하는 시간과 맞먹는다.

이처럼 하루 10분이 모여 1년이면 3,650분, 60시간이라는 대단한 시간이 된다. 티끌 모아 태산이라는 말을 되새기며 매일 10분간 꾸준히 독서해보자.

넷째, 자투리 시간을 활용하라. 나는 이발소에 갈 때도 책을 가지고 간다. 손님이 많아 내 차례가 될 때까지 기다리는 자투리 시간에 책을 읽기 위해서다.

때로는 병원에 물리치료를 받으러 갈 때도 책을 가지고 간다. 부득이하게 책을 가져가지 못한 날은 스마트폰으로 e-book을 읽기도 한다.

누구나 마음만 먹으면 자투리 시간에 독서할 수 있다. 밤에 잠이 오지 않아 깨어 있는 시간도 자투리 시간이라고 생각하고 책을 펴라. 책이 편안한 잠을 이끄는 수면제가 되어준다.

아침에 일어나서 잠자기 전까지 자투리 시간을 찾아보라. 그 시간에 10분의 독서를 해보라. 독서로 새로운 세상을 발견할 수 있을 것이다.

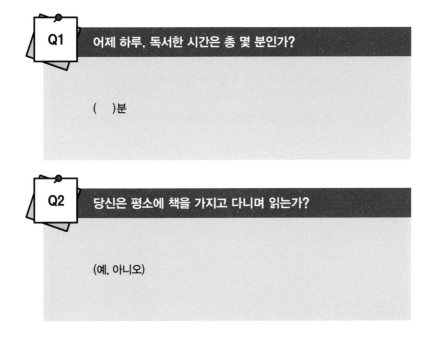

Q1 어제 하루, 독서한 시간은 총 몇 분인가?

(   )분

Q2 당신은 평소에 책을 가지고 다니며 읽는가?

(예, 아니오)

책을 읽는 올바른 방법

1. 항상 책을 가지고 다녀라.

2. 가까이 있는 책을 읽어라.

3. 이미 읽었던 책도 다시 읽어라.

4. 책 읽는 시간을 정하라.

5. 자투리 시간에는 책을 읽어라.

6. 취미와 관련된 책부터 시작해서 독서의 즐거움을 느껴라.

7. 책 한 권에 도움이 되는 것을 한 가지라도 기억하라.

8. 꾸준히 읽으며 독서의 리듬을 타라.

9. 좋은 문구를 발견하면 책을 덮고 잠시 음미하라.

10. 독서록을 만들어 자주 들여다보라.

하루 10분,
글쓰기 습관을 들여라

예전에는 작가나 기자 등 직업적으로 글을 썼던 사람들에게만 요구되던 글쓰기 능력이 이제는 거의 모든 분야에서 필수가 되었다. 페이스북이나 트위터 등 SNS를 기반으로 하는 의사소통이 활발하게 이루어지면서 글을 잘 쓰는 사람이 주목받게 된 것이다.

그렇다, 글이야말로 의사소통의 가장 적당한 수단이다. 말을 잘하는 것만큼 글을 잘 쓰는 게 지금 이 시대에 필요한 덕목인 것이다.

배움에는 끝이 없다는 말이 있지 않은가. 늦었다고 생각하지 말라. 지금이라도 꾸준히 배우고 연습한다면, 50대에도 훌륭한 문장가가 될 수 있다.

의미 있는 삶을 살게 하는 글쓰기

현대 사회에서는 우리가 필요로 하는 정보와 지식의 대부분은 글을 통해 전해지고 있다.

학생들은 책을 읽고 글을 쓴다. 직장인들은 자신이 가지고 있는 생각, 정보, 지식 등을 문서로 작성한다. 취미로 글을 쓰는 사람이 있는가 하면, 생계를 위해 직업으로 글을 쓰는 작가도 있다.

글쓰기는 자신의 생각, 감정, 욕망 등 마음속에 있는 것을 글로 표현하는 행위다. 그 속에는 과거와 현재, 미래에 대한 자신의 생각이 포함되어 있다.

자신을 표현하는 방법은 말, 노래, 몸짓, 놀이, 그림 등 여러 가지가 있다. 글쓰기는 이런 행위를 하기 위한 준비단계이기도 하지만 이런 경험들을 정리하는 단계이기도 하다.

마음을 표현하기 위해서, 실력을 나타내기 위해서, 생각을 정리하기 위해서, 알고 있는 것을 잊어버리지 않기 위해서, 실력을 향상시키기 위해서, 새로운 것을 계획하기 위해서, 분쟁을 없애기 위해서, 마무리를 하기 위해서, 취미를 즐기기 위해서 등등 우리가 글을 쓰는 이유에는 여러 가지가 있다.

결국 글쓰기는 자기 자신을 표현하고 의사소통을 하며 궁극적으로 의미 있는 삶을 살기 위함이다. 보다 '나'다운 '나'로 거듭나기 위해 지금 당장 펜을 들어보자.

글쓰기를 잘하기 위해서

대부분의 사람이 매일 글을 쓰는 생활을 하면서도 여전히 글쓰기를 어려워한다. 무엇을 써야 할지, 어떻게 구조화하고 표현해야 할지를 모르기 때문이다.

글쓰기는 내가 가진 생각과 느낌을 상대에게 전달하는 과정이다. 전하고자 하는 내용을 제대로 정리하지 못하면, 절대로 좋은 글을 쓸 수 없다.

마음만 먹으면 일필휘지하는 사람은 천재다. 그러나 이런 천재들의 일필휘지 역시 저절로 만들어진 것은 아니다. 남다른 노력이 있었기에 가능하다. 이처럼 글을 잘 쓰기 위해 필요한 방법을 알아보자.

첫째, 책을 읽어라. 글쓰기를 잘하기 위해서는 많이 보고 읽어야 한다. 그중에서 처음부터 끝까지 글쓰기로 이루어진 책을 읽는 것은 필수적이다.

책에는 정보와 지식, 그리고 다양한 생각들이 체계적으로 정리되어 있다. 아름다운 문장이 있고 엄선된 어휘들이 있어 글쓰기에 훌륭한 길잡이가 되어준다.

둘째, 주제를 정하라. 우리의 일상을 살펴보면 횡설수설 꺼내는 말에도 주제가 있다. 그러나 글쓰기는 이런 일상의 대화와는 다르다. 처음부터 명확한 주제가 있어야 한다. 그래야 원하는 글을 제대로 쓸 수 있기 때문이다.

주제가 중요한 이유는 주제가 정해지면 보이지 않던 글감이 보이기 때문이다. 다만 주제는 최대한 단순해야 한다. 그래야 다른 길로 빠지지 않고 원하는 글쓰기를 할 수 있다.

셋째, 일상에서 글감을 찾아라. 차창 밖으로 보이는 행인들과 주변의 풍경, 머릿속을 스쳐가는 여러 생각들, 집에서 회사로 가는 길의 단상, 제시간에 오지 않는 버스를 기다리는 심정, 김치 담그는 법, 세탁기 사용법, 설거지 하는 모습, 아이들이 자라는 모습, 부모님에 대한 마음, 직장생활에서의 에피소드, 상사에 대한 느낌, 내가 매일 앉아 있는 의자에 대한 생각, 나는 왜 살고 있는지, 내 인생의 목표가 무엇인지 등 무엇이라도 좋다.

학창시절 재미있었던 일, 자신의 신체 모습, 화가 났을 때의 심정, 감기 걸렸을 때 먹었던 음식들, 영화를 보고 난 후의 소감, 읽은 책에 대한 느낌, 전시회의 그림을 감상한 느낌 등 일상에서 글감을 찾아보라.

넷째, 주변에 보이는 물건에서 글감을 찾아라. 주변에 보이는 모든 것이 글감이 될 수 있다. 하나의 물건을 정하고 그에 관련된 것을 묘사하면 글쓰기가 재미있어진다.

누구나 신는 신발에서 글감을 찾으려고 한다면 다양한 신발이 보인다. 운동화, 슬리퍼, 가죽구두, 부츠, 새신, 헌신, 찢어진 신발, 빨간 신발, 큰 신발, 작은 신발, 선물 받은 신발, 버린 신발, 신발장 안에 있는 신발, 사람들이 신고 다니는 신발 등 글감이 무궁무진하다.

다섯째, 필사를 해보라. 필사를 하면 눈으로 읽었을 때 보이지 않았던 것들이 보인다. 평범하게 책을 읽을 때보다 훨씬 시간도 오래 걸리고 노력도 필요하지만, 눈으로 좇던 것을 손으로 따라 씀으로써 표현하는 방법과 문장, 구조 등을 알게 된다.

여섯째, 매일 10분씩 글쓰기를 하라. 꾸준히 쓰면 글쓰기 실력이 향상된다. 글쓰기는 '자고 일어나보니 스타가 되어 있다.'는 말처럼 하루아침에 이루어지는 것들과는 다르다.

한 번에 멋진 글을 쓰기는 어렵다. 매일 10분씩 쓰다 보면 자신도 모르게 잘 쓰게 된다. 운동선수들이 훈련을 하면 할수록 근육이 생기는 것과 같다.

일본의 소설 작가 무라카미 하루키 역시 글쓰기를 마라톤에 비유하며 '재능, 집중력, 지속력'의 중요성을 강조했다. 재능은 선천적인 것이지만, 집중력과 지속력은 하루에 10분씩 지속하면 지금부터라도 키울 수 있는 능력이다.

매일 하는 글쓰기의 효과는 즉각 나타나지 않을 수도 있고, 효과가 미미하게 나타날 수도 있다. 그러나 지속적으로 연습하면 반드시 좋아진다. 글쓰기에 지각생은 없다. 지금부터 시작해도 글쓰기 우등생이 될 수 있다.

글쓰기, 이렇게 한다

글쓰기를 할 때 우선 제목을 정해놓고 시작할 수도 있고, 생각나는 대로 글쓰기를 한 후에 나중에 제목을 정할 수도 있다. 제목을 정한 후에 글쓰기를 하면 글감들이 집중적으로 보인다.

제목에 관련된 것에 마음이 쏠리고, 사람들이 하는 말이나 뉴스 등에서 다루어지는 사실들이 제목과 연결되는지 생각하게 된다.

제목 없이 일상에서 생각나는 것을 쓰다 보면 어느 정도 써지기는 한다. 이것을 정리하다 보면 내용에 적합한 제목이 떠오른다.

제목을 정하고 쓴 글일지라도 때로는 정리를 하다 보면 제목이나 내용이 바뀌게 된다. 시간이 지나면서 생각이 달라지거나 앞뒤 논리를 맞추다 보면 추가하거나 뺄 것이 생기기 때문이다.

나는 2년 동안 〈전자신문〉에 '강상구의 성공 키워드'라는 제목으로 글을 연재했다. 신문 지면의 지정된 공간을 채워야 하는 숙제이기에 하루라도 거르면 안 되는 것이었다. 처음에는 매일 주제를 하나씩 정해 글감을 찾았다.

그러나 연재를 하면서 이력이 생기고부터는 한 달 치의 주제와 매일의 소제목을 정한 후에 글을 쓰게 되었다. 그러다 보니 일상에서 접하게 되는 사람들의 이야기, 책, 인터넷, TV, 신문 등 모든 것을 소제목과 연관 지어 보게 되었고, 그것들은 글쓰기의 소재가 되었다.

지금도 나는 작은 수첩을 가지고 다니면서 글감이 떠오르면 바로 메모한다. 수첩이 없을 경우에는 스마트폰을 이용한다. 그 후에 컴퓨터에 옮겨 최종적으로 정리한다. 컴퓨터에 옮겨 정리한 원고는 반드시 메일로 나에게 보낸다. 그리고 내용을 복사해서 에버노트에도 보관한다.

메일로 보내는 이유는 스마트폰이나 컴퓨터로 어디서든 열어보기 위함이고, 에버노트에 보관하는 이유는 원문을 수정할 수 있어서다. 특히 어두운 곳이나 침대에 누워서 불을 켜지 않고서도 글을 쓸 수 있는 것이 이런 도구들을 이용할 때의 장점이다.

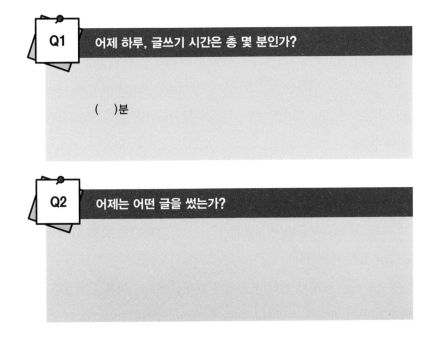

Q1 어제 하루, 글쓰기 시간은 총 몇 분인가?

(　　)분

Q2 어제는 어떤 글을 썼는가?

하루 10분,
영어회화 공부를 하라

영어 열풍이 온 나라를 휩쓸고 있다. 아이들은 영어유치원에 다니고, 대학은 영어로 강의를 한다. 직장에 취직하려면 공인 영어 성적은 필수다.

이런 세상에 부응하기 위해 너도나도 영어공부에 뛰어들지만 정작 외국인과 대화하면 얼굴만 붉히고 아무 말도 하지 못하는 사람이 많다. 영어를 학습한 대부분의 사람이 시험에 의한 문법 암기식 공부를 했기 때문이다.

영어회화를 잘하기 위해서는 먼저 영어단어부터 정복해야 한다. 어떤 나라의 말이든지 먼저 단어를 알고 있으면 대화의 반을 한 것이나 다름없다. 단어를 많이 알고 있으면 문장을 독해하는 능력도 생기고, 어떤 이야기인지 정확하지는 않아도 짐작은 할 수 있다. 이 것은 회화에도 적용된다.

영어단어를 외워라

문장이 연결되지 않아도 알고 있는 단어가 많다면 그 단어를 나열 하면서 어느 정도 의사소통이 가능해진다.

눈앞에 보이는 여러 종류의 과일 중에 사과를 가지고 싶어도 'Apple'이라는 단어를 모르면 직접 사과를 가리키거나 그림을 그려 서 사과를 달라는 의사표시를 힘겹게 해야 한다.

그러나 단어를 알고 있으면 'Apple'이라는 단어 하나로 원하는 것을 간단하게 얻을 수 있다. 이것이 바로 단어의 힘이다.

단어 암기는 문장처럼 어렵지 않고 단순하다. 그렇기에 영어에 울 렁증이 있는 사람들에게 단어 암기는 영어와 친해지는 역할을 한다.

긴 문장을 해석하듯이 난해하지도 않다. 그냥 기계적으로 외워도 상관없다. 암기하는 방법도 간단하다. 눈으로 보고, 입으로 읽고, 손 으로 쓰는 것이다.

이것은 다른 공부에도 해당되는 가장 기초적이면서 효과적인 방 법이다.

관용표현은 문장을 통째로 외워라

워싱턴주립대학교 대학원 언어학 석사로『1,000 단어만 딸딸 외우면 영어가 된다』와『200 숙어만 딸딸 외우면 영어가 된다』의 저자이며 영어 칼럼니스트인 우보현 씨는 야간 실업계 고등학교를 졸업한 후 트럭기사로 일하며 독학으로 공부해 영어를 통달한 사람이다.

그의 영어공부 특징은 문장을 통째로 외우는 것이다. 처음에는 중학교 1학년 영어단어 모음집을 외웠고, 다음에는 일상생활에서 쓰이는 다양한 관용표현을 메모해 통째로 외웠다. 방 곳곳에 좋은 표현이라고 생각되는 영어문장을 써 붙여 수시로 외웠다고 했다. 관용표현을 외우는 방법은 다음과 같다.

첫째, 좋은 표현이 있으면 외워라. 가장 쉬운 방법은 일상회화만을 공부하기 위해서 출간된 책을 구입해서 읽는 것이다.

서점에 가면 영어회화에 대한 책들이 산더미처럼 쌓여 있다. 그 중에서 자신의 마음에 드는 책을 구입하고 거기에 나온 내용을 외우면 된다. 혹은 인터넷이나 영어신문과 잡지 등에 나온 것들을 메모한 후 통째로 외운다.

둘째, 반복해서 듣고 큰 소리로 따라하라. 종종 영어를 잘 못하는 가수들이 팝송을 원어민과 똑같이 노래하는 것을 볼 수 있다. 가수들 중에는 가사를 소리 나는 대로 받아 적어 노래하는 이들도 있다.

나도 예전에 팝송을 외울 때, 들리는 소리를 그대로 옮겨 적은 것을 보며 노래한 적이 있다. 마찬가지로 영어공부를 할 때 어려운 발음은 원어민이 말하는 것을 그대로 따라하면 된다. 처음에는 어색하지만 계속 따라하다 보면 발음이 점차 좋아지게 될 것이다.

셋째, 자신만의 영어회화 책을 만들어라. 교과서나 참고서로 공부하면서 통째로 외워야 할 것을 노트에 기록하는 것이다. 자신의 글씨와 방식으로 쓰여 있기에 눈에 잘 들어오고 익숙하다. 이것을 가방에 넣고 다니면서 수시로 보고 외우면 된다.

가방을 가지고 다니지 않을 때는 스마트폰으로 책을 촬영하면 된다. 촬영된 내용은 스마트폰만 가지고 있으면 언제 어디서라도 볼 수 있다.

영어, 두려워 말고 용감해져라

"우리에게 필요한 것은 지식과 용기, 이 두 가지다. 지식은 판단하는 데 필요하고, 용기는 실천하는 데 필요하다. 지식만 있고 용기가 없으면 그 지식은 소용없고, 용기만 있고 지식이 없으면 그 또한 무의미하다. 지식과 용기가 구비되어야 두 가지가 효과적일 수 있다."

독일의 작가 에리히 캐스트너의 말이다. 영어공부도 마찬가지다. 아무리 알고 있는 단어와 관용표현이 많아도 말을 해야 할 때 말하지 못하고 겁을 낸다면 무슨 소용이 있겠는가.

많이 알고 있으면 들을 수는 있을 것이다. 그러나 상대방의 말에 대답하지 못한다면 서로 얼마나 답답하겠는가.

영어 실력과 관계없이 영어로 말하는 것을 두려워하지 마라. 실수한다 해도 누구도 비웃지 않는다. 어차피 영어는 외국어다. 미국이나 영국 사람들처럼 발음이 정확하지 않아도 의사소통은 가능하다. 공부해서 외운 문장이 있으면 당당하게 사용해보라.

상대방이 제대로 알아듣지 못하면 한 번 더 말하면 된다. 대화의 내용이 좋으면 어눌한 발음이 문제되지 않는다. 오히려 소통에 방해가 되는 것은 발음은 좋은데 동문서답을 하거나 지식이 없는 허황된 말이다.

방송에서 반기문 전 유엔사무총장이 영어로 연설하는 것을 녹화해서 한국 사람과 영어를 모국어로 쓰는 외국인에게 총장의 영어실력에 대한 평가를 부탁한 적이 있다.

한국 사람들은 총장이 영어를 못한다고 평가했다. 발음이 정확하지 않다는 이유였다. 그러나 외국인들은 총장이 영어를 잘한다고 평가했다. 더욱이 총장의 연설이 세련되고 고급스럽다며 칭찬했다.

영어로 말하기를 두려워하는 사람들 중에는 '발음이 정확하지 않다.' '문법에 맞는지 모르겠다.' '비웃음을 당할 것이다.'라는 식의 생각이 앞서 외국인이 다가오면 외면하거나 그 자리를 피해버리는 사람이 있다.

하지만 유창하게 한국어를 말하는 외국인보다 어눌하지만 띄엄 띄엄 말하는 외국인에게 정이 가고, 더 많은 것을 가르쳐주고 싶을 때가 있다. 반대의 경우도 마찬가지다.

발음이 나빠서 상대가 이해하지 못할 것이라며 영어로 말하는 것을 두려워하지 마라. 용기를 가지고 알고 있는 단어를 총동원해서 말을 해보라. 이렇게 할 때 당신은 영어로 소통할 수 있는 능력자가 될 수 있다.

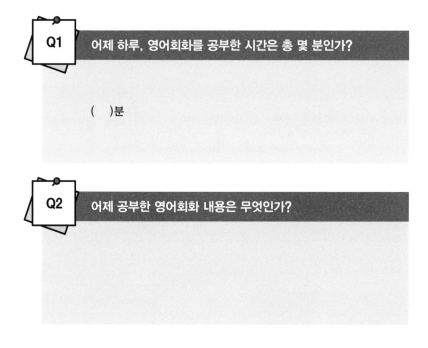

Q1 어제 하루, 영어회화를 공부한 시간은 총 몇 분인가?

(   )분

Q2 어제 공부한 영어회화 내용은 무엇인가?

하루 10분,
명언을 읊조려라

학창 시절 선생님들에게 들었던 명언 중 가장 기억에 남는 것은 영국의 철학자 프랜시스 베이컨의 "아는 것이 힘이다."라는 말이다. 어릴 때는 그저 열심히 공부하라는 의미라고만 생각했다.

'남보다 더 많이 아는 사람이 다른 사람보다 사회적으로 우위에 설 수 있다.'라는 구체적인 뜻이 있다는 것은 나중에야 깨달았다.

그 의미가 어떻든 열심히 공부하라는 것으로 이해한 것도 잘못 받아들인 것은 아니었다.

삶 속에 적용하는 명언들

부모들도 "아는 것이 힘이다."라는 명언을 믿고 소와 땅을 팔아 자녀들을 도시로 유학 보냈다. 도시 학교로 온 학생들은 "인내는 쓰다. 그러나 그 열매는 달다."라는 명언을 책상 앞에 붙여놓고 졸음을 참으며 열심히 공부했다.

그러나 지금은 "인내는 쓰다. 그러나 그 열매는 달다."라는 말이 이전처럼 사람들의 공감을 불러일으키지는 못하는 것 같다. 그 자리에 '금수저, 은수저, 흙수저'라는 자조적인 말이 들어가 열심히 공부하고 노력하면 나도 우위에 설 수 있다는 말의 의미가 퇴색되고 있다.

금수저란 부모님의 재력이 단단한 사람이 가지고 있는 경제적 여유를 말한다. 흙수저란 부모님께 물려받은 것이 가난밖에 없는 사람이 처한 형편을 말한다.

문제는 아무리 노력해도 흙수저가 금수저가 될 수 없다는 현실에 대한 젊은이들의 절망감이다. 이런 절망감으로 연애, 결혼, 출산을 시도하기도 전에 포기하는 '3포 세대'라는 말이 생기고, 꿈, 희망, 인간관계, 내 집 마련마저 포기하는 '7포 세대'까지 나아갔으며, 여러 가지를 포기해야 하는 세대라는 의미의 'N포 세대'로 귀결되었다.

이런 생각을 하는 젊은이들이 가슴에 새겨야 할 명언이 있다. "행복의 문 하나가 닫히면 또 다른 문들이 열린다."라는 헬렌 켈러의 명언이다.

그녀는 듣지 못하고 말할 수도 없었다. 앞을 보지도 못했다. 이런 최악의 상태에서도 닫힌 문만 바라보며 포기하지 않았다. 또 다른 문을 찾아서 두드리며 멀쩡한 사람들이 보지 못하는 문까지 열었다.

혹시 닫힌 문을 바라보며 포기하려 한다면 헬렌 켈러의 말에 귀를 기울여보라.

명언이란 상상으로 지어낸 것이 아니다

우리의 삶 속에는 수많은 명언이 소리 없이 돌아다니고 있다. 명언은 상상으로 지어낸 것이 아니다. 골방에 틀어박혀 머리를 싸매고 억지로 만들어낸 것도 아니다.

명언이란 삶 속에서 수없이 부딪히면서 터득하게 된 경험의 산물이자 인생의 험한 길에서 시행착오를 거쳐서 알게 된 사실이다. 즉 한 사람의 인생철학이 고스란히 녹아 있는 말이다.

"이것 또한 지나가리라." 이 말은 유대인들이 존경하는 다윗 왕의 반지에 새겨진 구절이다.

어느 날 다윗 왕은 세공사들에게 절망에 빠졌을 때 용기를 주는 말을 새겨 반지를 만들라고 명령했다. 아무리 머리를 쥐어짜도 좋은 글귀가 생각나지 않은 세공사들은 다윗 왕의 아들 솔로몬을 찾아가서 물었다. 잠시 생각을 가다듬던 솔로몬은 "이것 또한 지나가리라."는 말을 주었다.

이 명언은 나치 학살의 암담한 현장에 있던 유대인들에게 죽음의 공포에서 버티는 힘을 주기도 했다.

이 말은 비단 다윗 왕, 세공사 그리고 유대인에게만 적용되는 것은 아니다. 3포, 7포, N포로 고민하는 청년들, 왕따로 괴로워하고 있는 학생들, 사업의 어려움으로 모든 것을 내팽개치려는 사업가, 밤새 고민하느라 잠 못 자는 사람들, 한강다리에서 뛰어내려 삶을 포기하려는 사람들, 이 시대에 살고 있는 모든 사람들에게 적용되는 말이다.

윌리엄 셰익스피어는 "우리의 몸은 정원이요, 우리의 의지는 정원사다."라고 말했다. 왜 이런 말을 했을까?

정원은 하루라도 가꾸지 않으면 잡초가 자란다. 씨를 뿌려도 싹이 트지 않는다. 정원사의 손길이 닿아야 아름다운 정원이 된다.

인간의 몸과 마음도 정원과 같다. 의지를 가지고 관리할 때 아름다운 사람, 사람다운 사람이 된다. 자신의 몸과 마음을 관리하지 않고 바닥으로 추락하고 있는 것을 방치하고 있는 사람들이 새겨들어야 할 명언이다.

미국의 16대 대통령 에이브러햄 링컨 역시 "사람은 40세가 되면 자기 얼굴에 책임을 져야 한다."라고 했다. 중년이 되어가는 사람이라면 새겨두어야 할 명언이다.

〈최후의 만찬〉을 그린 레오나르도 다빈치는 열두 제자와 예수님을 그리기 위해 성서에 나와 있는 그들의 행적을 읽으며 비슷한 느낌의 모델들을 찾았다.

하루는 한 시골의 성당에서 미사를 드리다가 찬양을 하고 있는 천사 같은 모습의 한 소년을 발견했다. 그는 이 소년을 모델로 해서 예수님을 완성했다.

그리고 예수를 팔아먹은 가룟 유다의 모델이 될 사람을 찾아다니다가 불결한 뒷골목에서 지옥에서 나온 듯한 남루한 남자를 발견했다. 다빈치는 그 사람에게 돈을 주며 그림 모델이 되어달라고 했다.

그런데 알고 보니 이 남루한 남자는 이전에 예수님의 모델을 했던 바로 그 소년이었다. 소년은 음악 학교를 다니다가 나쁜 친구들과 어울렸고 그 지경까지 이르렀다고 했다.

얼굴에는 그 사람이 살아온 인생이 보인다. 무슨 일을 하고 어떤 생각을 하며 살았는지 짐작된다. 긍정적인 삶을 산 사람과 부정적인 삶을 산 사람의 얼굴은 다르다.

우리는 일상에서 자신의 모습을 상대방에게 보여주고 동시에 상대방의 얼굴을 본다. 내가 좋은 면을 보이면 상대방도 좋은 면을 보여준다.

내게 필요한 명언을 선택해 매일 되새기자

나는 십 수 년 전부터 성경요절을 20여 개 발췌해 매일 아침마다 출근하면서 읊조린다. 특히 스트레스가 쌓이고 뭔가 풀리지 않을 때는 반복해서 읽는다. 잠이 오지 않을 때도, 때로는 할 일이 없을 때도 계속 들여다본다.

나는 선택한 요절을 첫 자를 기준으로 가나다 순으로 정리해서 사용한다. 가나다 또는 알파벳 순서로 읊조리면 중간에 빼먹는 구절이 없기 때문이다. 이렇게 해서 한번 제대로 외우면 세월이 흘러도 잊어버리지 않는다.

다음은 좋은 글 모음으로, 명언 애플리케이션에서 발췌한 것이다. 그 중에 몇 구절을 선택해서 '가나다' 순으로 나열해보았다.

- 가장 행복한 사람은 특별한 이유 없이도 삶을 즐길 줄 아는 사람이다. – 마하트마 간디

- 나는 받은 것이 너무 많아서 못 받은 것이 무엇인지 생각할 겨를이 없다. – 헬렌 켈러

- 단지 쉬운 것만 읽지 마라. 당신이 그것에 의해 즐거워질 수 있지만 결코 그것으로 인해 성장할 수 없을 것이다. – 짐 론

- 나약한 태도는 성격도 나약하게 만든다. - 알버트 아인슈타인

- 마음의 논밭을 개간할 수 있다면 이 세상의 황무지를 개척하는 것은 그다지 어렵지 않다. - 니노미야 손토쿠

- 비관론자는 모든 기회 속에서 어려움을 찾아내고, 낙관론자는 모든 어려움 속에서 기회를 찾아낸다. - 윈스턴 처칠

- 상상할 수 있는 모든 것은 현실이 될 수 있다. - 파블로 피카소

- 용서하는 힘이 결여된 사람은 사랑하는 힘도 결여되어 있다. - 마틴 루터 킹

- 자아는 이미 만들어진 완성품이 아니라 끊임없이 행위와 선택을 통해 형성되는 것이다. - 존 듀이

- 처음에는 네가 술을 마시고, 다음에는 술이 술을 마시고, 다음에는 술이 너를 마신다. - 스콧 피츠제럴드

- 크리스마스에는 이 세상에 만능의 부채를 흔든다. 모든 것이 부드러워졌고 더 아름다워졌다. - 노먼 빈센트 필

- 타인의 나쁜 점을 말한다는 것은 언제나 자기 자신에게 손해를 가지고 온다는 사실을 기억하라. - 에이브러햄 링컨

- 평화로울 때 땀을 흘리면 전쟁에서 피를 덜 흘린다. - 하이먼 리코버

- 희망은 당신을 버리지 않는다. 당신이 희망을 버린다. - 조지 와인버그

조금만 관심을 가지면 명언을 얻을 곳은 많다. 서점에서 문고판으로 만들어진 작은 명언집을 구입하거나, 명언 애플리케이션을 다운로드 받아 스마트폰으로 읽어도 좋다.

당신 인생의 '한 마디 울림'이 되어줄 명언을 통해 다시 한 번 깨닫고, 반성하고, 실천하는 인생을 살아보라.

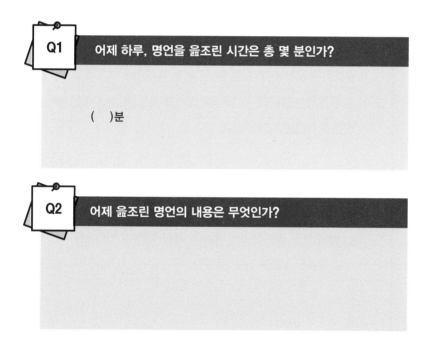

Q1 어제 하루, 명언을 읊조린 시간은 총 몇 분인가?

( )분

Q2 어제 읊조린 명언의 내용은 무엇인가?

6장. 오십의 공부가 지혜로운 사람을 만든다

- 우리는 독서를 통해 자신의 눈으로만 보았던 한정된 세상, 좁은 세상을 깨고 또 다른 세상이 있다는 것을 비로소 알게 된다.

- 손에 항상 책 한 권을 가지고 다니는 습관을 가져보라. 꾸준한 독서 습관은 책을 가까이 하는 것에서부터 시작된다.

- 아침에 일어나서 잠자기 전까지 자투리 시간을 찾아보라. 그 시간에 10분의 독서를 해보라.

- 글쓰기는 자신의 생각, 감정, 욕망 등 마음속에 있는 것을 글로 표현하는 행위다. 그 속에는 과거와 현재, 미래에 대한 자신의 생각이 포함되어 있다.

- 우리가 글을 쓰는 이유는 결국 자기를 표현하고 의사소통을 하며 궁극적으로 의미 있는 삶을 살기 위함이다.

- 한 번에 멋진 글을 쓰기는 어렵다. 매일 10분씩 쓰다 보면 자신도 모르는 사이에 잘 쓰게 된다.

- 영어회화를 잘하기 위해서는 영어단어부터 정복해야 한다. 단어를 알고 있으면 대화의 반을 한 것이나 다름없다.

- 단어 암기는 문장처럼 어렵지 않고 단순하다. 그렇기에 영어 울렁증이 있는 사람들에게 단어 암기는 영어와 친해지는 역할을 한다.

- 발음이 나빠서 상대가 이해하지 못할 것이라며 영어로 말하는 것을 두려워하지 마라. 용기를 가지고 알고 있는 단어를 총동원해서 말을 해보라.

- 명언이란 삶 속에서 수없이 부딪히면서 터득하게 된 경험의 산물로 한 사람의 인생철학이 고스란히 녹아 있는 말이다.

- 당신 인생의 '한 마디 울림'이 되어줄 명언을 통해 다시 한 번 깨닫고, 반성하고, 실천하는 인생을 살아보라.

오십 이후, 삶을 바꾸는 6가지 습관

초판 1쇄 발행 2023년 9월 19일
초판 2쇄 발행 2023년 9월 26일

지은이 | 강상구
펴낸곳 | 원앤원북스
펴낸이 | 오운영
경영총괄 | 박종명
편집 | 김슬기 최윤정 김형욱 이광민
디자인 | 윤지예 이영재
마케팅 | 문준영 이지은 박미애
디지털콘텐츠 | 안태정
등록번호 | 제2018-000146호(2018년 1월 23일)
주소 | 04091 서울시 마포구 토정로 222 한국출판콘텐츠센터 319호(신수동)
전화 | (02)719-7735   팩스 | (02)719-7736
이메일 | onobooks2018@naver.com   블로그 | blog.naver.com/onobooks2018

값 | 17,000원
ISBN 979-11-7043-450-4 03190